Doris Heueck-Mauß
Das Trotzkopfalter

Doris Heueck-Mauß

Das Trotzkopfalter

Der Ratgeber für Eltern
von 2- bis 6-jährigen Kindern

Der richtige Umgang
mit kindlichen Emotionen

Das Erziehungs-ABC
mit Tipps und Strategien

5., aktualisierte Auflage

humboldt

Bibliografische Information der Deutschen Nationalbibliothek
Die Deutsche Nationalbibliothek verzeichnet diese Publikation in der Deutschen Nationalbibliografie; detaillierte bibliografische Daten sind im Internet über http://dnb.ddb.de abrufbar.

ISBN 978-3-86910-607-6

Die Autorin:
Doris Heueck-Mauß, Diplom-Psychologin/Psychotherapeutin, ist Mutter zweier erwachsener Kinder. Seit ihrem Examen 1974 in klinischer Psychologie an der Universität München sind ihre beruflichen Schwerpunkte die Entwicklung des Kindes, das menschliche Verhalten und Kommunikation. Nach ihrer klinischen Arbeit mit sozial-emotional gestörten Kindern im Kinderzentrum München unter Leitung von Professor Hellbrügge arbeitet sie seit 1997 als Psychologin im Münchner Familienkolleg mit den Schwerpunkten Präventives Elterntraining „PET" sowie Fortbildungsseminare in Verhaltens- und Kommunikationstraining. Seit 1982 führt sie eine eigene psychotherapeutische Praxis. Zudem bereitet sie werdende Eltern an einer Münchner Frauenklinik auf Geburt und Familienleben vor. Ergänzend hält sie Vorträge im Bereich Erziehung und Entwicklung des Kindes und leitet Supervisionen mit Erzieherteams in sozialen Einrichtungen.

5., aktualisierte Auflage

Ein Imprint der Schlüterschen Verlagsgesellschaft mbH & Co. KG,
Hans-Böckler-Allee 7, 30173 Hannover
www.schluetersche.de
www.humboldt.de

Lektorat:	Redaktionsbüro Punkt und Komma, Nathalie Röseler, Pliening
Covergestaltung:	DSP Zeitgeist GmbH, Ettlingen
Innengestaltung:	akuSatz Andrea Kunkel, Stuttgart
Titelfoto:	Soren Hald/getty
Satz:	PER Medien+Marketing GmbH, Braunschweig
Druck:	Druckhaus „Thomas Müntzer" GmbH, Bad Langensalza

Hergestellt in Deutschland.
Gedruckt auf Papier aus nachhaltiger Forstwirtschaft.

Inhalt

Vorwort 8

Einleitung: Das Trotzkopfalter 11

Was bedeutet Trotz? 16

Die emotionelle Welt der Zwei- bis Vierjährigen 16

Anlässe für trotziges Verhalten 18

„Ich will alleine!" 18

Das Kind hat noch kein Zeitgefühl 21

In das Spiel vertieft 24

Veränderte Gewohnheiten oder Rituale 26

Vorsicht vor zu vielen Neins 29

Alles hat seine Ordnung 33

Müdigkeit oder Überforderung als Trotzauslöser 35

Gefühle und Reaktionen der Eltern in der Trotzphase 37

Die wichtigsten Tipps und Strategien im Überblick 38

Entwicklungspsychologische Erklärung der Trotzphase 50

Kindliche Wutausbrüche und Aggressionen 54

Die Entwicklung kindlicher Aggressionen 54

(Psycho)logische Gründe 58

Neugierde und Lebensfreude 58

Die Reaktionen der Eltern 59

Entdeckungs- und Forscherdrang 60
Eifersucht 62
Macht ausüben 63
Kontakt aufnehmen 65
„Ich will jetzt nicht!“ 66
Entwicklungspsychologische Erklärung:
Grund und Ziel von Aggressionen 68
Wissenschaftliche Erklärungsversuche 70
Aggression ist eine Folge von Frustration 70
Aggression als Lebenstrieb 73
Der Zusammenhang zwischen Erziehungsstil
und kindlicher Aggression 75
Ursachen der kindlichen Aggressionen 77
Das Erziehungsverhalten der Eltern 77
Geschwisterstreit – Geschwisterneid 87
Das kindliche Umfeld 97
Entwicklungspsychologische Erklärung:
Das Wichtigste über kindliche Aggressionen 103

Erziehungshilfen für Eltern 106
Das eigene Erziehungsverhalten überprüfen 106
Beobachten des Elternverhaltens 107
Welche Erziehungseinstellung habe ich? 109
Ursachen elterlicher Frustrationen 115

Das Erziehungs-ABC: Was heißt eigentlich erziehen? . . 123
Jedes Verhalten wird erlernt 125
Kindliches Verhalten beschreiben 127
Kindliches Verhalten beobachten 133
Ein Verhaltensprotokoll anlegen 139
Der Zusammenhang zwischen Verhalten und Zuwendung 142
Verhalten wird durch Zuwendung verstärkt 143
Grenzen setzen, aber wie? 156
Klare Regeln aufstellen 157
Zu viele Neins vermeiden 158
Strafen haben Nebenwirkungen 160
Überzeugen statt Verbieten 163
Der Familiencheck 166

Schlusswort 168

Anhang 170
Adressen, die weiterhelfen 170
Bücher zum Weiterlesen 171

Register 172

Vorwort

Liebe Mutter, lieber Vater,

wie unzählige andere Eltern haben sicher auch Sie sich mit viel Idealismus, gutem Willen und Neugierde auf Ihr erstes Kind eingestellt. Die Babyzeit bedeutete für Sie intensive Zuwendung und Pflege. Ihr Kind zeigte täglich neue Entwicklungsschritte und verlangte nach wiederkehrenden Ritualen und Verhaltensmustern, um sich entwickeln zu können. Und natürlich stand und steht es ganz im Mittelpunkt Ihres Lebens. Diese Zeit der größten Veränderungen und Umstellungen mit vielen schönen, aber auch oft anstrengenden und sorgenreichen Stunden haben Sie bereits gemeistert.

Im zweiten Lebensjahr stellt Sie Ihr Kind nun vor ganz neue Herausforderungen: Seine Mobilität und Neugier sind oft nicht zu bremsen, seine Sprachfreude nimmt immer mehr zu, und Sie erfahren tagtäglich eine Menge über die Persönlichkeit Ihres Kindes. Zugleich stellt es Sie ständig vor neue Situationen und Entscheidungen: Es will seine Umwelt jetzt intensiver erfahren und entdecken! Dabei gibt Ihr Kind auch sehr deutlich seine Bedürfnisse und seinen Willen zu erkennen und fordert Sie heraus. Es braucht seelischen Halt, viel Verständnis und deutliche Grenzen, um zu erkennen, was erlaubt oder nicht erlaubt oder gar gefährlich ist. So lernt das Kleinkind Schritt für Schritt die Regeln der Erwachsenen kennen und erfährt, welche Gebote und Verbote Sie als Eltern vermitteln wollen: eine wichtige Erziehungsaufgabe, damit Ihr Kind später eine selbstbewusste Persönlichkeit werden kann.

Doch Ihr pflegeleichtes und fröhliches Kleinkind kann auch ein kleiner Zornickel werden. Es widersetzt sich Ihren Anweisungen, es schreit und schlägt um sich und kann sehr heftig in Tränen ausbrechen. Sie reagieren überrascht, verunsichert, sicher auch manchmal ärgerlich oder hilflos und fragen sich, ob Ihr Kind böse ist? Von Freunden haben Sie schon von der berüchtigten Trotzphase gehört. „Ist unser Kind nun mittendrin?", fragen Sie sich. „Wie wird diese Phase bei unserem Kind ablaufen, und wie sollen wir am besten damit umgehen?"

Die Bezeichnung „Trotz" hat für viele Eltern eine sehr negative Bedeutung, so ähnlich, wie auch viel viel später die Bezeichnung „Pubertät" für manche Eltern jetzt schon graue Wolken am Himmel aufziehen lässt. Doch keine Sorge: Mit ein wenig Hintergrundwissen werden Sie diesen Entwicklungsabschnitt Ihres Kindes besser verstehen und damit gelassener auf seine Trotzausbrüche reagieren können. Die jetzt häufiger auftretende „Bockbeinigkeit" Ihres Kindes hat nichts mit „Bösartigkeit" zu tun, vielmehr ist sie eine Reaktion auf Begebenheiten und Verhaltensweisen in seinem unmittelbaren Umfeld, ausgelöst durch seine beginnende Autonomieentwicklung. Das elterliche Verhalten hat einen wesentlichen Einfluss darauf, wann der Trotz wieder aufhört oder ob er sich gar verfestigt.

Dieser Ratgeber will dazu beitragen, dass Sie und Ihr(e) Kind(er) das Trotzkopfalter – diese wichtige Phase der Willens- und Ich-Entwicklung – gemeinsam meistern. Es gibt keine perfekten Kinder und auch keine perfekten Eltern. Doch mit Einfühlungsvermögen und Humor wird der tagtägliche Entwicklungs- und Lernprozess im Umgang miteinander zu einem harmonischen Familienleben führen, in dem Kinder mit gesundem Selbstbewusstsein und Durchsetzungswillen aufwachsen können.

Doris Heueck-Mauß

Einleitung: Das Trotzkopfalter

Das Trotzalter ist genetisch nicht festgelegt wie beispielsweise das Lauf- und Sprechalter. Es ist eine ganz individuelle Entwicklungsphase zwischen dem zweiten und dritten Lebensjahr des Kindes, in der es seinen Willen und sein Ich-Bewusstsein entdeckt.

Manche Entwicklungspsychologen möchten das Wort Trotz ganz aus dem Vokabular streichen und sprechen lieber von „Koller“, „Rappel“ oder „Erregungszustand aus einer Enttäuschung heraus“. Denn Trotz hat eine negative Bedeutung, die die Perspektive genervter Eltern wiedergibt, nicht aber, was im Kind bei einem „Koller“ vorgeht.

Trotz hat nichts mit „bösem“ Willen oder Ungehorsam zu tun!

Wenn das Kind erlebt, dass seine Willenskräfte Wirkung zeigen, probiert es diese neue Kraft (Macht) erst einmal eine Zeit lang verstärkt aus. Sehen die Eltern darin nun „bösen“ Willen oder Ungehorsam, den man schnell wieder „austreiben“ muss, dann werden sich regelrechte Machtkämpfe entwickeln. Je mehr die Eltern mit Strenge reagieren, desto mehr Widerstand wird beim Kind ausgelöst. Druck erzeugt Gegendruck: Das Kind wird vermehrt trotzig reagieren und sich mit aggressivem Verhalten „wehren". Der Trotz verfestigt sich, Kind und Eltern geraten immer mehr in eine negative Verhaltensspirale und sind frustriert.

Soweit muss es aber nicht kommen. Völkervergleichende Studien belegen es: Je freundlicher, liebevoller und aufnehmender Kleinkinder im Alter zwischen eineinhalb und drei Jahren behandelt werden, desto weniger kindlichen Widerstand gibt es. Trotz kommt in manchen Kulturkreisen überhaupt nicht vor. Das sollte uns nachdenklich machen.

FAZIT:
Abhängig vom Temperament des Kindes und von der Art und Weise, wie Eltern auf seine unterschiedlichen trotzigen Verhaltensweisen eingehen – also verständnisvoll oder ablehnend und strafend –, wird dieser stark vom kindlichen Willen geprägte Entwicklungsabschnitt sehr individuell verlaufen.

Zum Aufbau dieses Buches

Beim ersten Kind haben Eltern meist noch wenig Erfahrungen und Vergleichsmöglichkeiten, um mit Ruhe und Gelassenheit auf die Zornesausbrüche ihres Kleinkindes zu reagieren. Viele Eltern reagieren eher spontan und unüberlegt, sind häufig verunsichert und fühlen sich hilflos. In dieser sensiblen, besonders anstrengenden Entwicklungsphase Ihres Kindes sollten Sie deshalb über Hintergrundwissen verfügen. Nur dann werden Sie seine neuen Fähigkeiten – Selbstständigkeit, den Willen entdecken und ausüben, die Grenzen austesten – besser verstehen und seine Motive und Gefühle besser erkennen können.

Dieses Wissen über den Ablauf des kindlichen Trotzes, das der erste Teil dieses Ratgebers vermitteln möchte, wird Ihnen helfen, zorniges Verhalten Ihres Kindes nicht mit Provokation oder Aggression zu verwechseln. Fallbeispiele veranschaulichen die Problematik.

Diese Unterscheidung zwischen Trotz und Aggression ist deshalb wichtig, weil ein Kleinkind, das seinen Rappel bekommt und dabei schreit und um sich schlägt, durchaus aggressive Verhaltensweisen zeigt. Es setzt diese aber noch nicht bewusst ein, sondern bringt seine Enttäuschung mit seinem ganzen Körper spontan zum Ausdruck. Auf einen trotzenden Winzling sollten Sie übrigens anders eingehen als auf ein älteres Kind, das seinen Willen schon sehr gezielt und bewusst durchsetzen möchte. Im schlimmsten Fall tritt es nach der Mutter, schlägt Bruder oder Schwester, beißt oder schreit provokativ laut. Da die aggressiven Impulse in jedem Menschen stecken, also angeboren sind, stellt es eine große Erziehungsaufgabe für Eltern dar, diese Durchsetzungskraft ihres Kindes in sozial erwünschte Bahnen zu lenken. Die kindliche Aggressivität kann also konstruktiv (sich wehren, durchsetzen) oder eher destruktiv (angreifen, verletzen, zerstören) ausgelebt werden. Ihr Kind muss im Laufe seiner Entwicklung mit Ihrer Hilfe lernen, Emotionen wie Wut und Ärger in sozial erträglichem Maße auszuleben. Das bedeutet, über „friedliche" Verhaltensweisen versuchen, seinen Willen zu äußern und eventuell durchzusetzen. Kinder zwischen ein bis drei Jahren reagieren noch sehr emotional und spontan, wenn sie ihre Gefühle ausleben. Da können Eltern helfen, indem sie Grenzen aufzeigen, die ihre Kleinen verstehen. Das Kindergarten- und Vorschulkind dagegen erlebt ganz andere Ursachen als Auslöser für sein rebellisches Verhalten. Es kann seine aggressiven Handlungen sehr gezielt und bewusst einsetzen und damit seine Eltern durchaus herausfordern.

Das zweite Kapitel informiert über die Entwicklung der kindlichen Aggressionen und ihre vielfältigen Ursachen. In typischen Beispielen werden auch die möglichen unterschiedlichen Ausdrucksformen kindlicher Aggressivität sowie die Motive und Absichten dargestellt. Mit „menschlicher" Aggression (Ihres Kindes, Ihres Partners und Ihrer Mitmenschen) werden Sie ein Leben lang konfrontiert werden, mit den trotzigen Verhaltensweisen Ihres Kleinkindes nur in einer vorübergehenden Entwicklungsphase. Falls Ihr Kind behindert ist, kann diese Phase allerdings länger andauern. In diesem Fall ist besondere Hilfestellung notwendig. Natürlich zeigen sich auch ältere Kinder oder Jugendliche mal „bockig“ und uneinsichtig. Hier handelt es sich, streng genommen, freilich nicht um Trotz, sondern um ein passiv-aggressives Verhalten, nach dem Motto: „Jetzt erst recht nicht …“, denn die Folgen werden bewusst in Kauf genommen.

Wie Sie mit Ihrem Trotzkopf oder Ihrem kleinen Rebellen umgehen sollten und worauf es dabei ankommt, lesen Sie im Kapitel „Erziehungshilfen für Eltern“ (Seite 106). Darin erfahren Sie einiges über lernpsychologische Erkenntnisse, beispielsweise auch, wie sich elterliche Verhaltensweisen – z. B. Liebe, Verständnis und Konsequenz, verwöhnendes oder hartes, strafendes Handeln – auf das Verhalten des Kindes auswirken. Außerdem: wie kindliches und elterliches Verhalten tagtäglich in Wechselwirkung stehen, wie typische, immer wiederkehrende Erziehungssituationen (Essen, Anziehen, Aufräumen, Zubettgehen) zu Konflikten führen können. Dieser Ratgeber möchte verständlich machen, wie Sie möglichst ohne Machtkämpfe zu einem Miteinander im Familienleben kommen. Es gibt keine perfekten Kinder und auch keine perfekten Eltern, aber einen tagtäglichen Entwicklungs- und Lernprozess im Umgang miteinander.

Was bedeutet Trotz?

Mit der Bezeichnung Trotz wird ein Entwicklungsschritt des Kleinkindes bezeichnet, nämlich seine Fähigkeit, sich als Individuum zu erleben und einen eigenen Willen zu haben. Seinen Willen kann zwar auch der Säugling ausdrücken; er lässt sich aber immer schnell ablenken.

Die emotionelle Welt der Zwei- bis Vierjährigen

In der Phase zwischen zwei und drei Jahren verändert sich das Selbstempfinden des Kindes. Das hängt mit seiner seelischen und motorischen Reifung zusammen. Das zweijährige Kind spricht nicht mehr von sich in der dritten Person, sondern es wird zunehmend die Wörtchen „ich", „mich", „mir" oder „mein" verwenden. Es kann sich jetzt im Spiegel oder auf einem Foto erkennen. Im zweiten Lebensjahr bekommt das Kind auch einen Begriff von seinem Körper: Es empfindet sich als groß oder klein, es entdeckt die anatomischen Unterschiede zwischen Junge und Mädchen. Es erlebt, dass es in seinen motorischen Handlungen immer sicherer wird und sich damit auch ein Stück unabhängiger von den Erwachsenen machen kann.

Das Wörtchen „alleine" wird jetzt ganz wichtig.

Das Kind versucht, immer mehr selbst zu machen, und wehrt sich gegen die Anforderungen anderer. Der Trotz ist eine Möglichkeit, seine zunehmende Selbstständigkeit auszudrücken, denn oft fehlen ihm ja noch die sprachlichen Möglichkeiten. Dadurch kann es leicht zu Missverständnissen kommen: Das Kind fühlt sich nicht verstanden. Es löst die Enttäuschung und die Spannung, die durch das Missverständnis entstanden sind, mit Hilfe eines Wutanfalls. Dieser kann dann so heftig ausfallen, dass der Zusammenhang mit dem Anlass gar nicht mehr zu erkennen ist. Eltern stehen dann oft eher hilflos vor dem heftigen Gefühlsausbruch und wissen nicht, wie sie ihrem Kind da wieder heraushelfen können. Es hat ja noch nicht gelernt, mit widerstreitenden Bedürfnissen und Anforderungen oder mit Enttäuschungen und Misserfolgen umzugehen. Immer wieder gibt es Anlässe, die Ihr Kind in eine Spannung oder einen Konflikt geraten lassen, wie die folgenden typischen Fallbeispiele verdeutlichen sollen.

Trotz als positiver Entwicklungsabschnitt

Die Trotzphase, oder besser gesagt die Phase der Willens- und Ich-Entdeckung, ist eigentlich ein positiver Entwicklungsabschnitt, denn die Fähigkeit, wütend zu werden, enttäuscht zu sein und sich zu wehren macht deutlich, dass das Kind lernt, sich als Persönlichkeit zu empfinden. Diese Selbstwahrnehmung hat sich zwar auch schon im ersten Lebensjahr ansatzweise gezeigt, aber erst ab dem Laufalter äußert sie sich konkreter: Das Kind beginnt „mein“ zu sagen oder sich selbst auf einem Foto zu erkennen. Wenn diese Phase auch extrem anstrengend sein kann, so dauert sie zum Glück nicht ewig! Das Kleinkind baut ab dem dritten Lebensjahr auch immer mehr Frustrationstoleranz auf. Es ist jetzt in der Lage, über längere Zeit eine psychische Spannung auszuhalten. Es lernt abzuwarten und kann Zusammenhänge besser erkennen. Es entwickelt ein Zeitgefühl. Es beginnt allmählich zu akzeptieren, wenn seine Wünsche nicht sofort befriedigt werden. Und es gerät nicht mehr so oft in die Sackgasse eines Wutanfalls, aus dem es alleine nicht herausfindet. Seine Willensäußerungen werden ab dem dritten Lebensjahr zunehmend ziel- und personenorientiert. Ihr Kind wird zur Durchsetzung seines Willens öfter seine verbale und aktive Aggressionskraft einsetzen. Wie Sie damit am besten umgehen können, lesen Sie im Kapitel „Kindliche Wutausbrüche und Aggressionen“ (Seite 54).

Anlässe für trotziges Verhalten

„Ich will alleine!“

Beispiel:

Anna, zwei Jahre alt, ist schon recht geschickt im Anziehen, und ihre Mutter ist sehr stolz auf sie. Sie hilft Anna zwar bei schwierigen Bekleidungsstücken, was sie aber selbst an- oder ausziehen kann, das lässt sie Anna ganz alleine machen – auch wenn es länger dauert. Heute hat es die Mutter jedoch sehr eilig. Sie hat einen Arzttermin und möchte Anna deshalb schnell anziehen. Als Anna dies bemerkt, schreit sie: „Nein, nein, Anna will alleine machen“, verschränkt die Arme und läuft weg. Die Mutter fängt sie wieder ein. Anna wehrt sich nun mit Händen und Füßen, wirft sich auf den Boden, strampelt wie wild, tritt nach der Mutter und schreit immer wieder: „Nein, nein, alleine machen!“

Was geht in Anna vor?
Ist Anna bockig, böse oder gar aggressiv geworden? Keinesfalls. Anna ist nur enttäuscht, dass sie heute der Mama nicht zeigen kann, wie gut sie es alleine schafft; denn das ist für sie im Moment ganz wichtig. Da sie aber noch kein Zeitgefühl hat, weiß sie auch noch nicht, was für die Mutter ein Arzttermin und Pünktlichkeit bedeuten. Die Enttäuschung löst sich in einem Wutanfall und in einem Tränensee. Anders kann das Kind diese Spannung noch nicht abbauen.

Was geht in Annas Mutter vor?
Die Mutter steht unter Zeitdruck und ist enttäuscht, dass Anna sich so uneinsichtig verhält – wo sie ihr doch sonst so viel Freiheiten und so viel Zeit lässt, sich selbst anzuziehen. Sie wird immer nervöser, fängt nun an, Anna zu ermahnen und auszuschimpfen. Darauf reagiert die Kleine noch

enttäuschter: Wo sie sonst gelobt wurde, wird sie heute ausgeschimpft. Anna erregt sich immer weiter und steigert sich so richtig in ihr Unglück hinein. Die Mutter weiß sich nun nicht mehr anders zu helfen und gibt Anna einen Klaps auf den Po. Anna schluchzt, lässt sich aber jetzt widerstandslos hochheben und anziehen. Die Mutter fühlt sich unwohl und ist traurig, dass ihr wegen so eines geringfügigen Anlasses die Hand ausgerutscht ist. Später am Tag ruft sie ganz bekümmert eine Freundin an und erzählt ihr alles. Diese tröstet sie und meint: „Na ja, deine Anna kommt halt jetzt ins Trotzalter.“ Damit sind die Schuldgefühle keineswegs gelindert, die Mutter fühlt sich eher noch hilfloser.

TIPP: Bereiten Sie Ihr Kind auf Unternehmungen vor.

Die Mutter hätte Anna von dem Arzt erzählen sollen und sie fragen können, welches Kuscheltier sie dem Arzt zeigen möchte. Sie kann Anna erzählen, dass sie in der Praxis malen darf und dass es hinterher beim Bäcker eine Brezel gibt. Jetzt müssen sich aber beide rasch anziehen, und die Mama muss heute mithelfen, damit es schneller geht. Sie weiß ja, Anna kann es so gut alleine. Anna wäre in diesem Fall abgelenkt worden; die Mutter hätte sie auf den Arztbesuch neugierig gemacht, und damit wäre Anna sicher auch kooperativer geworden.

Das Kind hat noch kein Zeitgefühl

Beispiel:
Max, drei Jahre, ist Einzelkind. Ein Grund, weshalb die Mutter jeden Nachmittag mit ihm auf den Spielplatz geht: Dort kann er mit anderen Kindern im Sand spielen. Max freut sich immer sehr auf diese kleinen Ausflüge und steht schon erwartungsfroh mit Eimer und Schaufel vor der Tür. Dann dreht er sich um und bringt der Mutter seine Gummistiefel. Diese ist aber noch mit Bügeln beschäftigt und sagt: „Ja, Max, ich komme gleich – wir gehen bald. Spiel noch ein bisschen." Max setzt sich jetzt auf den Boden zur Mutter und beschäftigt sich mit seinen Gummistiefeln. Alle paar Minuten fragt er: „Mama, kommst du jetzt? Ich möchte spielen gehen." Die Mutter vertröstet ihren Max weiter und sagt immer wieder „Ja, Max, gleich. Ich komme ja gleich." Plötzlich schmeißt Max den Eimer in die Ecke, danach die Gummistiefel und die Schaufel. Er stampft mit den Füßen und schreit: „Ich will jetzt gehen. Ich will gehen." Die Mutter schaut erschrocken auf und fängt an zu schimpfen. Schließlich hat sie ihm doch versprochen, dass es bald losgeht. Sie muss aber eben noch schnell ihre Bügelarbeit erledigen.

Was geht in Max vor?
Max hat sich erst sehr gefreut und war auch bereit, ein wenig zu warten. Das Wörtchen „gleich" („Gleich bin ich

fertig.“) kann er aber noch nicht richtig einordnen. Er erlebt, dass die Mutter sagt: „Ich komme gleich“, während sie weiter bügelt. Jetzt reagiert Max enttäuscht, und bei der dritten Vertröstung wird er richtig wütend. Er hat den Eindruck, dass sein Wunsch nicht ernst genommen wird und dass er heute nicht mehr zum Spielen kommt. Für Max ist dieser Zeitraum „gleich“ einfach zu unübersichtlich und zu lang. Er hat doch ganz deutlich seinen Eimer und seine Stiefel hingestellt – als Zeichen, dass es jetzt losgeht …

Zu langes Warten kann für Kleinkinder ein Auslöser sein für Enttäuschungen, für Ärger und Erregung, die sich dann in Wutausbrüchen erst mal Luft machen müssen. Auch bei diesem Beispiel will das Kind die Mutter nicht ärgern, sondern seine Spannung muss nach der erlebten Enttäuschung einfach erst einmal raus.

Was geht in Max Mutter vor?

Für die Mutter ist das Verhalten von Max schwer einzuordnen, denn sie hat ihm doch gesagt, dass sie gleich fertig ist und nur noch die paar Sachen zu Ende bügeln muss. Sie ist enttäuscht, dass ihr Max so wütend reagiert, und verspürt wenig Lust, noch mit ihm auf den Spielplatz zu gehen. Als sie ihm sagt: „Wenn du so weiter tobst, dann bleiben wir ganz zu Hause“, folgt ein neuer, viel heftigerer Wutausbruch. Max fühlt sich nun total missverstanden und ist frustriert.

TIPP: Vermeiden Sie lange Wartezeiten.

Vorschlag:

Da Kinder im Alter von Max weder ein Zeitgefühl haben noch die Uhr lesen können, wäre es günstiger gewesen, die Mutter hätte Max in ihre Arbeit mit einbezogen: „Hier, schau, ich bügle gerade deine Hose fertig. Dann kannst du sie morgen wieder anziehen." oder „Das Hemd für Papa bügle ich schnell zu Ende, dann stelle ich das Bügeleisen weg, und wir gehen zusammen zum Spielplatz." Max hätte dann geduldig zuschauen können und hätte verstanden, warum er noch warten muss, bis es rausgeht.

Kleinkindern sollte man also nicht zu früh irgendwelche zeitlichen Ankündigungen machen, denn sonst kann die Wartezeit für sie unerträglich lang werden. Das Kind wird ungeduldig und reagiert enttäuscht mit einem Trotzanfall, der dann wiederum den Eltern die Lust nimmt, mit dem Kind noch etwas zu unternehmen. Bei einem Trotzanfall wäre es dann sicherlich richtiger, das Kind einfach in den Arm zu nehmen und zu sagen: „Gell, du warst ganz enttäuscht, weil ich halt doch noch länger gebraucht habe, aber jetzt gehen wir wirklich." Das Kind hätte sich verstanden gefühlt und sich schneller beruhigt. Die gute Laune wäre auf beiden Seiten ganz schnell wieder hergestellt.

In das Spiel vertieft

Ein weiterer Anlass für den Trotzanfall eines Kindes ist möglicherweise gegeben, wenn es unvorbereitet oder zu schnell aus seiner Spielwelt gerissen wird.

Beispiel:
Eine alltägliche Situation, wie sie sich zu Hause oder am Spielplatz ereignen kann: Das Kind sitzt ganz in sein Tun vertieft im Sandkasten oder in seinem Zimmer, eifrig mit seinem Spiel beschäftigt. Da rufen Sie es zum Essen. Sie rufen einmal, Sie rufen zweimal, aber das Kind scheint Sie nicht zu hören. Auch beim dritten Mal spielt es unbeeindruckt weiter. Schließlich werden Sie ungeduldig und sagen energisch: „Nun ist aber Schluss mit dem Spielen; das Essen ist fertig. Komm endlich zu Tisch!" Es kann sein, dass Ihr Kind ohne weiteren Widerstand sein Spielzeug weglegt und mit Ihnen nach Hause (oder zum Esstisch) geht. Es ist aber genauso möglich, dass es weiterspielen möchte und Sie letztlich das Kind regelrecht von seinem Spiel wegziehen müssen. Darauf fängt das Kind an zu brüllen. Es schmeißt Schaufel und Eimer durch die Gegend oder wirft mit den Bauklötzen um sich und tobt. An ein friedliches Essen ist nicht mehr zu denken.

Auch in diesem Beispiel stoßen unterschiedliche Bedürfnisse aufeinander. Das Kind wollte einfach nur weiter spielen. Ihr Rufen hat es tatsächlich nicht richtig wahrgenommen, weil es doch so vertieft war. Das Essen ist ihm nicht so wichtig. Wer möchte sich auch schon gerne mitten aus einer spannenden Sache herausreißen lassen? Sie Ihrerseits möchten nicht, dass das Essen kalt wird. Sie erleben den Widerstand Ihres Kindes als Böswilligkeit. Auch in diesem typischen Beispiel ist das Kind nicht „böse“, sondern es kann nur noch nicht so schnell abschalten und sich umstellen, wie wir Erwachsene das können.

TIPP: Bereiten Sie Ihr Kind vor und bauen Sie Überleitungen ein.

Vorschlag:

Wenn Ihr Kind in ein Spiel oder in seiner Fantasiewelt sehr vertieft ist, dann bieten Sie ihm die Möglichkeit einer Überleitung an. Bleibt mehrmaliges Rufen erfolglos, dann ist es besser, wenn Sie zu Ihrem Kind hingehen, ihm vielleicht die Hand auf die Schulter legen und sagen: „Ich sehe, du spielst so schön. Du kannst den Turm mit drei Klötzen noch fertig bauen. Ich helf dir dabei, und dann gehen wir zusammen zum Essen.“ Dieser Zeitaufwand von ein bis zwei Minuten lohnt sich, denn Eltern und Kind werden entspannt zu Tisch gehen – und vor allem: ohne vorhergehenden Trotzanfall. Auch in dieser Situation hilft es vorauszudenken und vorauszuhandeln.

Veränderte Gewohnheiten oder Rituale

Beispiel:
Julia, drei Jahre alt, hat bisher nie Probleme beim Zubettgehen gemacht. Es gibt bei Familie M. bestimmte Rituale: So wird abends immer noch gut eine halbe Stunde zusammen gespielt oder vorgelesen, dann helfen Mama oder Papa der Julia beim Zähneputzen. Es wird noch ein wenig Spaß beim Ausziehen gemacht, und wenn Julia dann im Bett liegt, bekommt sie ihr Gute-Nacht-Lied und einen Kuss. Das Licht wird gedimmt, und die Eltern bleiben noch ein paar Minuten am Bett, bis sich Julia mit ihrem Kuscheltier zur Seite legt und zum letzten Mal „Gute Nacht" murmelt.

Heute aber sind die Eltern zu einer größeren Festivität eingeladen, Frau M. freut sich sehr auf diesen festlichen Anlass und überlegt schon den ganzen Tag, wie sie es am besten hinbekommt, dass sie Julia heute etwas eher zu Bett bringt. Dann braucht der Babysitter das nicht zu tun. Die Eltern versuchen, das abendliche Ritual etwas früher einzuleiten, doch irgendwie klappt es heute nicht. Julia hat plötzlich keine Lust mehr zum Spielen, die ausgesuchte Geschichte ist ihr zu langweilig, sie möchte eine andere hören. Die Mutter aber antwortet: „Julia, ich habe heute keine Zeit für eine längere Geschichte. Komm, lass uns jetzt schnell ins Bad gehen." Doch auch hier macht Julia nicht so mit wie sonst. Sie fängt an zu trödeln, spielt mit der Zahnpasta herum, die Zahnbürste fällt mehrmals auf den Boden – die Mutter wird langsam ungeduldig. Als Frau M. Julia ein wenig anzuspornen will, schmeißt diese die Zahnbürste weg und fängt an zu schreien und zu stampfen. „Ich putze heute meine Zähne nicht. Ich mag nicht." Die Mutter wird nun nervös, nimmt die Zahnbürste selbst in die Hand und putzt Julia energisch die Zähne. „Mach nicht so ein Theater!" schimpft sie. Als Julia endlich im Bett liegt, fängt sie auch noch an zu weinen, strampelt ihre Bettdecke immer wieder weg: „Mami, du hast mich gar nicht lieb. Du hast mir die Geschichte nicht erzählt. Du bist eine böse Mami." Die Mutter ist ganz entsetzt, denn so etwas hat Julia noch nie gesagt. Außerdem möchte sie nicht, dass Julia weinend einschläft. Es soll ein schöner Abend für sie und ihren Mann werden, und Julia soll nicht darunter leiden.

Was geht in Julia vor?

Julia hat an diesem Abend deutlich das veränderte Verhalten der Mutter gespürt. Kinder haben einen sehr feinen Sinn für veränderte Stimmungen bei den Eltern und für Zeitdruck. Die gewohnten Rituale zur gewohnten Zeit haben Julia Sicherheit gegeben. Daher war sie sehr verunsichert, als sie die Ungeduld der Mutter spürte. Kinder merken sofort, wenn Erwachsene in ihren Gefühlen oder in ihrem Reden nicht ganz stimmig sind, wenn sie gedanklich abgelenkt oder nicht so motiviert sind wie sonst. Als Julia ihre Mutter nervös und schimpfend erlebte, was sonst abends selten geschah, reagierte sie zunächst mit Enttäuschung und später mit Widerstand.

Was geht in der Mutter vor?
Frau M. hatte sich den ganzen Tag überlegt, wie sie das abendliche Ritual am geschicktesten vorverlegen könnte, und war enttäuscht, dass Julia nicht so mitmachte wie sonst. Aus der Ungeduld und dem Zeitdruck heraus reagierte sie unwillig. Wenn Kinder ihren Widerstand zeigen, sind Eltern schnell enttäuscht oder verärgert. Nur sprechen sie ihre Gefühle nicht immer aus, wie dies enttäuschte Kinder tun.

TIPP: Rituale und ein immer wieder gleich ablaufender Tagesrhythmus geben dem Kind Orientierung und Sicherheit.

Die gewohnten Abläufe und Handlungen, die Kleinkinder brauchen, um sich sicher und geborgen zu fühlen, sollten möglichst auch unter Zeitdruck nicht verändert werden. Gerade abendliche Zubettgeh-Rituale geben dem Kind Geborgenheit. Wenn die vertraute Person nicht da ist oder der vertraute Ablauf fehlt, kann das Kind sehr schnell verunsichert sein. Es kann sogar Angst bekommen, verlassen zu werden.

Vorschlag:
Auch ein Kleinkind kann schon verstehen, wenn die Eltern ihm sagen, dass sie am heutigen Tag etwas vorhaben und deshalb ein Babysitter kommt. Dieser sollte übrigens möglichst ein bis zwei Stunden eher da sein (besonders bei den ersten Malen), damit das Kind sich mit Spielen an ihn gewöhnen kann. Die vertrauten Rituale sollte der Babysitter später ohne Zeitdruck durchführen. Julia hätte sich von ihren Eltern in Ruhe verabschieden können. Vielleicht wäre sie traurig gewesen und hätte ein bisschen geweint, aber die Eltern hätten ihr immer wieder deutlich sagen können: „Wir kommen nach Hause, wenn du schläfst, und der Babysitter passt gut auf dich auf.“ Auf diese Weise wäre Julia nicht unter den Druck geraten, zu einer ungewohnten Zeit zu Bett gehen zu müssen, was ihren Widerstand auslöste. Kinder spüren sehr genau, wenn wir Erwachsenen nervös werden – und das verunsichert ein Kleinkind.

Vorsicht vor zu vielen Neins

Zwischen dem zweiten und dritten Lebensjahr wird Ihr Kind motorisch immer geschickter. Es will viel ausprobieren und wird viel entdecken. Damit werden Eltern auch mehr Gebote und Verbote aussprechen. Nur ein „Nein, lass das!“ ist für ihr Kind zu unspezifisch, es wird sein Verhalten wiederholen – was wiederum bei ihnen Ärger auslösen wird.

Beispiel:
Oft entstehen Konflikte durch elterliche Neins gerade in ganz alltäglichen Situationen wie beim Einkaufen im Supermarkt: Die gefüllten Regale reichen bis zum Boden, und das Kleinkind kommt an Dinge heran, die es haben möchte. Es wird deshalb immer wieder reizvolle Artikel in den Einkaufswagen legen, die Sie nicht benötigen. Wenn Sie nun jedes Mal sagen: „Nein, lass das bitte im Regal, wir brauchen das nicht", wird das Kind – früher oder später – sehr frustriert werden. Alles, was es „ausgesucht" hatte, legen Sie wieder zurück. Zum einen war das „Einkaufen" ein so schönes Spiel, zum anderen will Ihr Kind bestimmte Dinge einfach haben. Je nach Temperament wird es sich darüber aufregen. Viele Kinder werfen sich wütend auf den Boden und schreien herzzerreißend. Solche Trotzanfälle in der Öffentlichkeit sind vielen Eltern verständlicherweise sehr peinlich, nach dem Motto: „Was denken jetzt die anderen?" Zusätzlich können als Ratschläge getarnte Kommentare ganz schön nerven, wie beispielsweise: „Ach, lassen Sie doch das arme Kind!" oder noch schlimmer: „Dieses ungezogene Kind braucht mal eins auf den Po!"

Was geht in den Eltern vor?
Genervt wollen Sie das Geschäft am liebsten fluchtartig verlassen und kaufen Dinge, die Sie nie haben wollten, nur damit das Kind endlich Ruhe gibt. Oder aber Sie beharren auf Ihrem Nein und ziehen ein schreiendes, sich wehrendes Kind hinter

sich her. Sie haben garantiert ein schlechtes Gewissen, und zugleich ärgern Sie sich, dass sich ausgerechnet Ihr Kind in der Öffentlichkeit so aufführen muss. Vielleicht schwören Sie sich sogar, Ihr Kind nie mehr zum Einkaufen mitzunehmen. Aber das lässt sich oft nicht realisieren.

Trotzanfälle in der Öffentlichkeit

Trotzanfälle außerhalb der eigenen vier Wände haben zweifellos eine große Wirkung. Geben Eltern in solch einer Situation um des lieben Friedens Willen immer wieder nach, wird das Kind natürlich bald lernen, dass es nur ordentlich zu schreien braucht, um sich durchzusetzen. Geben Sie nicht nach, kann es ebenfalls zu einem Machtkampf kommen. In erstem Fall hat das Kind erkannt, dass es in der Öffentlichkeit mehr Erfolg hat, seinen Willen durchzusetzen. Sie wiederum werden es immer öfter vermeiden, Ihr Kind zum Einkaufen mitzunehmen. Die Tatsache, dass diese Trotzanfälle Ihres Kindes ja nur eine vorübergehende Entwicklungsphase sind, kann in solch einem Moment auch nicht trösten. Es gilt also, solch brenzlige Situationen mit einfühlsamer Voraussicht von vornherein zu entschärfen, also die Motive des Kindes zu erkennen.

TIPP: Planen Sie gemeinsame Unternehmungen voraus und lassen Sie Ihr Kind mithandeln.

Vorschlag:
Überlegen Sie sich in Ruhe, wie Sie den nächsten Einkaufsgang mit Ihrem Kind zusammen planen können. Machen Sie beispielsweise mit gemeinsam aus, dass es bestimmte Artikel, die auf Ihrer Einkaufsliste stehen, aus dem Regal nehmen darf. Es darf sich immer auch eine Kleinigkeit für sich selbst kaufen (ein Stück Obst, eine Brezel, einen Malblock ...). Wenn Sie Ihr Kind auf diese Weise bereits in die Einkaufsplanung mit einbeziehen, wird es sicher freudig mitmachen und dann auch eher einsehen, wenn Sie bei der dritten Kekstüte sagen: „Schau, wir haben schon zwei Packungen im Einkaufswagen. Jetzt kannst du noch deinen Joghurt holen und die Milch. Zu Hause haben wir doch ausgemacht: zwei Sachen für dich." So wird sich Ihr Kind wahrscheinlich eher überzeugen lassen und nachgeben und bereitwillig mitmachen, Lebensmittel auch wieder ins Regal zurückzuräumen.

Zu viele Verbote fordern letztlich nur noch mehr Widerstand heraus. Das Kind wird immer weniger bereit sein, Ihre Neins zu akzeptieren. Es wird sich ausgegrenzt fühlen und Widerstand leisten, letztlich fühlt es sich als Person abgelehnt. Wenn Sie Ihr Kind dagegen so oft wie möglich in Ihre Entscheidungen und Alltagshandlungen integrieren und wählen lassen, dann lernt es, besser zu verstehen, was sie meinen. Es wird seltener „ausrasten", weil es sich verstanden fühlt. Es weiß, dass es einen Wunsch frei hat, andere aber bis zum nächsten Einkauf warten müssen. Auf diese Weise erkennt es auch, dass nicht immer alle Wünsche und alle Bedürfnisse gleichzeitig erfüllt werden können.

In dem Kapitel „Zu viele Neins vermeiden" wird ausführlicher auf die Notwendigkeit, Grenzen zu setzen, sowie auf die unerwünschten Nebenwirkungen von zu vielen Neins eingegangen (Seite 158).

Alles hat seine Ordnung

Ein typischer Auslöser von Wutausbrüchen oder Trotzanfällen kann auch der Bruch ganz bestimmter Ordnungsmuster sein, die das Kind entwickelt hat. Einige Kinder möchten zum Beispiel, dass ihre Tasse oder das Glas immer an einer bestimmten Stelle steht oder dass Mama oder Papa genau neben ihm sitzen. Vielleicht muss das Lieblingskuscheltier stets an derselben Stelle sitzen, oder es muss unbedingt die rote Schlafanzughose sein. Diese festen Gewohnheiten, die uns Erwachsenen oft absurd erscheinen, sind im Kleinkindalter zwischen zwei und drei Jahren völlig normal. Ja, sie sind sogar sehr wichtig für die kindliche Entwicklung. Wenn man einem Kind diese Ordnungsmuster und Rituale nicht gewährt, dann fühlt es sich verunsichert, enttäuscht oder missverstanden und kann sich so erregen, dass es zu einem Trotzanfall kommt. Sie sollten hier also eher nachgeben und Ihrem Kind diesen „Spleen" möglichst lassen, auch wenn er für Sie nicht immer verständlich ist.

Manchmal stehen Eltern dem Trotzanfall ihres Kindes fassungslos gegenüber, wenn sie ein bestimmtes Ordnungsmuster des Kindes situationsbedingt auflösen müssen. Sie hatten nicht damit gerechnet, dass es sich darüber dermaßen aufregen könnte.

Beispiel:
Familie H. wandert gern mit ihren Kindern, dem sechsjährigen Emil und der dreijährigen Else. Auf einer dieser Wanderungen möchte Else, dass die Mama genau rechts von ihr geht. Die Mutter erfüllt ihr diesen Wunsch. Else trödelt, doch die Mutter will die beiden „Männer" einholen, die inzwischen schon weit vor ihnen sind. Else möchte partout nicht, dass die Mutter einen Schritt vor ihr geht; sie muss genau rechts neben ihr bleiben. Die Mutter wagt es aber dennoch. Plötzlich fängt Else an zu schreien, bleibt stehen, stampft mit den Füßen auf den Boden und ist nicht mehr bereit, auch nur einen Schritt weiter zu wandern. Alles gute Zureden der Mutter nützt nicht. Vom Geschrei alarmiert, laufen Vater und Sohn zurück. Else hat sich mittlerweile auf den Boden geworfen und brüllt entsetzlich. Als der Vater versucht, die Kleine aufzuheben, steht sogar weißer Schaum vor ihrem Mund. Sie vergisst vor Wut fast das Atmen. Die Eltern sind fassungslos. Keine Ablenkung hilft, bis Else endlich erschöpft von selbst aufhört und sich in den Armen des Vaters entspannt. Dann geht das Mädchen weiter, als ob nichts passiert wäre.

TIPP: Nehmen Sie Wutanfälle nicht persönlich.

Beispiel: Was geht in Else vor?
In diesem Beispiel haben die Eltern sicher richtig reagiert. Sie haben gemerkt, dass die Erregung ihrer Tochter erst einmal raus musste und haben abgewartet. In so einem Fall hat es überhaupt keinen Sinn zu schimpfen oder gar zu schreien. Hier heißt es einfach: Augen zu, Ohren zu, tief durchatmen und bis zehn zählen! Der „Rappel“ geht wieder vorüber. Wenn wir auch ausrasten, steigert sich das Kind nur noch mehr hinein. So kann es tatsächlich passieren, dass sich ein Kind so erregt, dass es vergisst zu atmen und sogar blau anläuft.

Tritt solch eine extreme Situation ein, sollte man nicht warten, bis sich das Kind wieder von selbst beruhigt, sondern versuchen, es abzulenken, in den Arm zu nehmen und auf den Rücken klopfen – aber ohne Kommentar.

Müdigkeit oder Überforderung als Trotzauslöser

An Tagen, an denen das Kind quengelig, gereizt oder gelangweilt ist, können sich die Anfälle häufen. Es gibt Kinder, die nur einmal pro Woche oder nur einmal pro Monat ihren Rappel bekommen, andere wieder mehrmals täglich. Eltern neigen dazu, Kinder zu vergleichen. Doch die Häufigkeit der Trotzanfälle hängt sehr ab vom Temperament des Kindes, ebenso aber auch vom Temperament der Eltern und ihrer Reaktion.

Wenn Ihr Kind besonders oft zu Wut- und Trotzanfällen neigt, lohnt es sich, genau zu beobachten, zu welchen Tageszeiten und bei welchen Ereignissen die Trotzanfälle meist erfolgen. Sie werden wahrscheinlich feststellen, dass sich die Trotzanfälle zu Zeiten ereignen, wo das Kind müde oder überfordert ist. Es kann sich um einen längeren Einkaufsbummel oder eine Wanderung handeln oder um einen Spielnachmittag, der das Kind übermüdet hat. Oder das Kind hat sich selbst zu viel vorgenommen, weil es zum Beispiel einen hohen Turm bauen wollte, der dann aber immer wieder zusammengefallen ist. Diese Trotzanfälle entstehen aus einer Hilflosigkeit des Kindes heraus oder auch aus widerstreitenden Bedürfnissen, wie „Ich möchte noch weitermachen, aber kann nicht mehr“, „Ich bin zu müde“ usw. Die Aggressionen richten sich nicht gegen Personen oder Sachen, sondern das Kind bleibt hilflos zwischen zwei unterschiedlichen Bedürfnissen stecken. Häufig sind dann Schreien oder Weinen ein Ausweg, um mit diesen inneren Spannungen und Konflikten fertig zu werden.

Gefühle und Reaktionen der Eltern in der Trotzphase

Die bisher beschriebenen Beispiele lassen sich sicher beliebig ergänzen, da stellen uns Kinder immer wieder vor neue Überraschungen. Wichtig ist es, die trotzigen Verhaltensweisen von der Person des Kindes zu trennen und möglichst nicht als persönlichen Angriff aufzufassen.

„Gibt es denn wirklich so viele Gelegenheiten für Trotz?", werden Sie sich fragen. Tatsächlich ja. Denn Einschränkungen und Eingriffe in den Alltag des Kindes, in seine kindliche Spiel- und Fantasiewelt, in seine Ordnungsvorstellungen lassen sich nicht vermeiden. Das Kind hat dabei ganz andere Motive und Ziele als seine Eltern, die zum Beispiel zu Recht Sorge um ihre Stereoanlage haben, die das Kind gerade zum Autospiel umfunktioniert, die nicht einsehen wollen, dass das Kind sein Töpfchen ausgerechnet nur im Flur benutzen will, dass das Saftglas immer bis zum oberen Rand gefüllt sein muss usw. Es lassen sich unzählige Beispiele ergänzen, in denen das Kind eine ganz bestimmte Vorstellung hat, die sich von den Zielen der Erwachsenen deutlich unterscheidet. Das Kind wird also fast zwangsläufig mit Frustrationen konfrontiert werden und durch seine Reaktionen die teilweise leidgeprüften Eltern ebenfalls. Selbst die geduldigste, fantasiebegabteste und humorvollste Mutter wird einen Koller ihres Kindes nicht immer vermeiden können. Trotzanfälle und Wutausbrüche gehören in diesem Alter einfach dazu. Wichtig dabei ist, dass Eltern den Überblick bewahren und nicht zu entnervt reagieren. Diese Beispiele und ihre Analyse liefern Ihnen Hintergrundwissen, damit Sie Ruhe bewahren können.

Die wichtigsten Tipps und Strategien im Überblick

In Phasen, wo sich die Trotzanfälle häufen oder intensivieren, werden Sie sich sicher fragen:

- „Wie kann sich ein kleines Kind nur so aufführen?"
- „Muss ich mir das alles gefallen lassen?"
- „Das Kind sollte jetzt langsam gehorchen lernen – ziehen wir einen kleinen Dickkopf oder gar Tyrannen heran?"
- „Haben wir etwas falsch gemacht? Beim Nachbarn führt sich unser Kind doch nicht so auf."

Vielleicht sind Sie auch etwas gekränkt oder gar beleidigt, dass Ihr Kind so ein Theater macht wegen Kleinigkeiten, aus oft nicht erkennbarem Anlass, oder dass es sich so heftig gegen wohlgemeinte, meist notwendige Einschränkungen wehrt. Ist denn die elterliche Autorität jetzt schon gefährdet? Viele Eltern werden sicherlich auch mal so wütend, dass sie ihr Kind anschreien oder ihm einen Klaps geben. Oder sie reagieren mit rigiden Verboten. Dies sind natürlich keine bewährten Mittel, um den Trotz des Kindes zu lindern!

Wie kann man diese Trotzanfälle vermeiden und zugleich dem Kind Grenzen setzen, ohne in einer erzieherischen Sackgasse zu landen? Die folgenden wichtigsten Strategien werden Ihnen weiterhelfen.

Trotzanfälle nicht bestrafen

Anschreien, Schlagen oder Wegschicken verursachen bei einem Kleinkind nur noch mehr Gefühle der Enttäuschung oder gar Angst, so dass sich seine Erregung noch steigern wird und diese auch für das Kind beängstigende Spannung sich in noch mehr Geschrei oder destruktivem Toben auflösen wird. Dieses wütende Verhalten, das nicht absichtlich und gezielt geschieht – wie später ab dem dritten, vierten Lebensjahr bei kindlichen Aggressionen (vgl. dazu Seite 54) – muss also ablaufen, damit die Spannung nachlässt und das Kind sich wieder beruhigt. Wenn Sie diese Verhaltensweisen bestrafen, würden sich die Trotzanfälle nur verschlimmern und möglicherweise übergehen in eine massive Form der Aggression.

Trotz nicht persönlich nehmen

Sie wissen jetzt: Die Trotzreaktion Ihres Kindes ist ein Erregungszustand, der sich wieder auflösen wird. Anschließend beruhigt sich das Kind. Es ist dermaßen in dieser Erregung gefangen, dass es momentan nicht anders als aggressiv reagieren kann. Deshalb werden Sie seinen „Koller“ auch nicht mehr als persönlichen Angriff sehen und gelassener damit umgehen können.

Außerdem hat nicht jeder Koller mit elterlichen Einschränkungen zu tun, wie in den vorangegangenen Beispielen bereits analysiert. Dies gilt vor allem, wenn das Kind sich selbst überfordert hat.

Eigene Gefühle ansprechen

Gehören Sie selbst eher zu den schnell erregbaren und temperamentvollen Menschen, dann lassen Sie ruhig Ihre Gefühle mal raus, am besten direkt und als Ich-Botschaft. Sie können zu Ihrem Kind beispielsweise ruhig sagen: „Ich bin jetzt richtig sauer“ oder „Ich bin jetzt ärgerlich“, „Mein Kopf tut weh von deinem Geschrei.“ So sprechen Sie von sich selbst und beschimpfen nicht das Kind. Sie können Ihre Wut und Ihren Ärger zum Ausdruck bringen, ohne dass Sie das Kind schädigen. Wenn Sie und Ihr Kind wieder ruhig sind, dann können Sie sich auch beide in den Arm nehmen und tief durchschnaufen.

Wut kann durchaus ansteckend sein; eine Mutter sagte mir einmal: „Ich möchte eigentlich genauso trotzen wie mein Kind. Ich stampfe dann mit dem Fuß auf und schreie.

Danach geht s mir meist besser.“ Es ist sicher ehrlicher, so zu reagieren, als sein Kind zu bestrafen oder anzuschreien.

Schläge sind tabu!

Wenn Sie auch noch so erregt sind, schlagen Sie niemals Ihr Kind wegen eines Trotzanfalls! Sie würden damit nur alles viel schlimmer machen und sich dabei nicht gut fühlen. Wenn Sie merken, dass Sie so erregt sind, dass Ihnen gleich die Hand ausrutscht, dann halten Sie am besten kurz inne, zählen bis zehn und atmen tief durch. Gehen Sie eventuell kurz aus der Reichweite des zornigen Kindes, aber bleiben Sie immer in Sichtweite. Und – wie gesagt – manchmal wirkt ein eigener Schrei oder ein Aufstampfen befreiend, ohne dass sich diese Emotionen direkt gegen das Kind richten.

Von den negativen Nebenwirkungen von Schlägen und Strafe erfahren Sie mehr in dem Kapitel „Strafen haben Nebenwirkungen, Seite 160).

Trotz nicht in den Mittelpunkt stellen

Vermeiden Sie es, Ihr Kind wegen eines Trotzanfalls anzuschreien, zu schütteln oder zu bestrafen. Diese Reaktionen würden den Trotz viel zu sehr in den Mittelpunkt rücken. Das Kind bekäme auf diese Weise viel negative Zuwendung, und es bestünde die Gefahr, dass es von einem Trotzanfall in den anderen hineingeriet. Und aus einer starken Erregung kommt es alleine oft nicht mehr heraus. Sie würden das Kind als Person kritisieren, was ungerecht wäre, da Kleinkinder die Zusammenhänge zwischen dem Anlass und ihrem Trotzanfall nicht erkennen können. *Fazit:* Ihr Kind wäre extrem verunsichert und ängstlich. Je nach Temperament könnten sich die Trotzanfälle dann noch steigern und weit über das dritte Lebensjahr hinaus andauern. Oder aber der Wille des Kindes wird so gebrochen, dass es sich zu sehr dem Willen der Eltern anpasst und sich schließlich gar nichts mehr zutraut. Das wäre dann das Gegenteil von einem selbstbewussten und selbstsicheren Kind.

Trotzanfälle nicht unterbrechen

Während des „Kollers“ hat es wenig Zweck, auf das Kind einzureden und mit ihm zu diskutieren. Es wird Sie wahrscheinlich gar nicht hören, was aber wiederum Sie sehr ärgerlich machen könnte. Ein tobendes, am Boden um sich schlagendes Kind mit Gewalt hochzuheben oder wegzuzerren hat wenig Zweck und wird nur noch mehr Geschrei hervorrufen. Besser ist es, Sie lassen das Kind einen Moment toben. Natürlich sollten Sie aufpassen, dass es sich nicht verletzen kann. Gehen Sie lieber aus der Reichweite des Kindes und warten Sie ab, bis es sich beruhigt hat. Bleiben Sie auf jeden Fall in Sichtweite: Ihr Kind hat dann, wenn es sich beruhigt hat, die Möglichkeit, zu Ihnen zu kommen. Dann sollten Sie es ohne Vorwürfe in den Arm nehmen und so ruhig wie möglich mit ihm reden.

Konsequent bleiben

Wie viel Freiheit dürfen wir unserem Kind gewähren, welche Einschränkungen müssen sein? Alles erlauben, alles zulassen wäre nicht klug, das Kind würde zu wenig Orientierung erhalten. Es braucht Grenzen, damit es sich an diesen mit seinen Bedürfnissen und seinem Willen messen kann. Natürlich sollten Sie auch einmal nachgeben, vor allem, wenn das Kind schon sehr müde ist oder man einfach schnell eine Situation zum Guten lenken möchte. Wenn Sie aber einem Kind niemals Grenzen setzen und immer nachgeben, ziehen Sie sich ein grenzenlos forderndes, unausgeglichenes Kind heran. Letztendlich wäre es so nicht glücklich, denn es will ja ernst genommen werden mit seinen Wünschen und durchaus auch mal Widerstand erfahren. Grenzen bedeuten ohne Frage auch eine Einschränkung, aber gleichzeitig: einen sicheren Rahmen geben, einen Halt vermitteln.

Halt geben

Es klingt vielleicht paradox, aber nach Ablauf eines Trotzanfalls braucht Ihr Kind tatsächlich Halt. Es hatte sich in seinen Gefühlen ganz verloren und braucht jetzt die Zusicherung, dass es geliebt wird. Tut es nicht auch uns Erwachsenen gut, wenn uns jemand in den Arm nimmt, wenn wir erregt sind? Das hilft mehr, als wenn jemand auf uns einredet oder gar Ratschläge erteilt, wie wir uns zu benehmen, zu denken und zu fühlen haben. Und wie oft machen wir genau den Fehler und kritisieren unsere Kinder in einer Wutphase: „Du musst doch jetzt nicht so wütend sein!" oder „Benimm dich!" oder „Sei nicht so laut"…

Jedes Kind trotzt anders

Eine Mutter, die schon mehrere Kleinkinder in deren Trotzphasen begleitet hatte, berichtete mir einmal, dass ihre Kinder sich sehr unterschiedlich verhalten hätten. Der erstgeborene Junge, Mark, war eher ruhig und konnte sich gut mit sich selbst beschäftigen. Er konnte früh sprechen und sich daher gut verständlich machen; man konnte ihn auch immer gut ablenken. Wenn er aber mal seinen Frust, seinen Rappel, bekam, versteifte er sich, sprach nicht mehr, schaute durch die Eltern hindurch und verkroch sich. Die damals noch sehr junge und temperamentvolle Mutter machte dieses „bockige" Verhalten ihres Sohnes ziemlich rasend. Sie schrie ihn an und rüttelte ihn. Mark war ihr in solchen Momenten völlig fremd. Wenn ihr Mann in solchen Situationen zu Hause war, war sie froh, denn dieser konnte viel besser mit Mark umgehen. Beide hatten ein ähnliches Wesen.

Ihr vier Jahre später geborener Sohn, Ferdinand, war in der Entwicklung, der Selbstständigkeit und Sprache wesentlich langsamer, aber dafür sehr lustig und temperamentvoll. Als er so mit einem Jahr seinen ersten Trotzanfall bekam, wackelten die Wände. Er schrie und tobte, hüpfte wie ein Rumpelstilzchen herum. Zwischen dem zweiten und dritten Lebensjahr, als er kräftiger geworden war, rannte er schon mal die Treppen hoch und knallte die Türen, dass die Wände wackelten. Er demolierte auch Spielsachen oder kostbare Gegenstände. Manchmal waren seine Schreianfälle mehrmals täglich im ganzen Haus zu hören. Trotzdem kam die Mutter mit den Tobsuchtsanfällen ihres Zweitgeborenen wesentlich besser zu Rande. In seiner Art entsprach er vielmehr ihrem Temperament: Er war sehr direkt, ließ seine Wut heraus, war aber auch schnell wieder fröhlich und versöhnlich. Den Vater nervte dieses laute Verhalten seines Zweitgeborenen eher, während die Mutter sich oft selbst als Kind wiedersah und schmunzeln musste.

Je mehr Geschwister zusammenleben, desto mehr zusätzliche Anlässe kann es natürlich auch für die kleinen Trotzköpfe geben. Sie wollen es den Größeren schon nachmachen oder haben immer wieder das Gefühl, benachteiligt zu werden. Das drittgeborene Kind, Anna, ist der Sonnenschein der Familie. Sie ist gerade mal zwei Jahre alt, und die Eltern sind gespannt. Welche Trotzformen wird sie zeigen? Kürzlich war es so weit. Sie war so erregt, weil ihre beiden Brüder sie plötzlich in der Sandkiste alleine ließen, da Oma und Opa an der Tür geläutet hatten. Sie wollten als erste dort sein, um die beiden zu begrüßen. Die kleine Anna wollte also hinterher, schaffte es aber nicht so schnell und stolperte. Sie schrie so stark, dass sie dabei blau anlief. Die beiden Buben, schon mit der Schokoladentafel in der Hand, waren ziemlich erschrocken. Sie schauten ihre Mama an und fragten: „Stirbt die Anna jetzt?“, denn sie hatten es noch nicht erlebt, dass ihre kleine Schwester so schlimm schrie. Als die Mutter die Kleine auf den Arm nahm, holte sie tief Luft; mit einem Seufzer beruhigte sie sich und lächelte.

Sich Hilfe holen

Wenn Sie spüren, dass die Emotionen Ihres Trotzkopfes Sie überfordern und Sie ebenfalls häufiger „ausrasten“, dann scheuen Sie sich nicht, andere um Hilfe zu bitten. Holen Sie sich Rat bei einer Freundin oder einer guten Bekannten, die die Trotzphase ihrer Kinder schon hinter sich haben. Wenden Sie sich an eine Erziehungsberatungsstelle oder eine Familienpsychologin (siehe auch Adressen im Anhang auf Seite 170).

Sorgen Sie auch für Ihre eigene Entspannung, überlassen Sie das Kind ruhig mal Ihrem Partner, der Oma oder einer Freundin, die selber kleine Kinder hat. Schon zwanzig Minuten Entspannung oder gar mal ein bis zwei Stunden für sich können Wunder bewirken. Sie sind nicht nur Mutter oder Vater, sondern auch eine ganz eigene Person, ein Ich! Ein kleiner Trost vorweg: Ab dem dritten Geburtstag wird es in der Regel leichter, denn Ihr Kind versteht nun viel mehr auch Ihre Bedürfnisse und Forderungen und kann mit sich selbst besser umgehen. Es hat nun mehr Geduld und kann sich selbst besser steuern.

Erinnerung an das eigene Trotzalter

Wenn Sie wieder mal fast am Verzweifeln sind über das Verhalten Ihres Kindes, dann lassen Sie sich doch mal von Ihren Eltern oder älteren Geschwistern erzählen, wie Sie sich als kleines Mädchen oder kleiner Junge „aufgeführt“ haben. Möglicherweise wird so manche Reaktion Ihres Kindes Sie an die eigene Trotzphase erinnern und schmunzeln lassen. Denn bekanntlich fällt der Apfel ja nicht weit vom Baum. Und wie haben Ihre Eltern damals reagiert? Verständnisvoll oder streng? Was fühlten Sie damals als Kind? Eigene Erinnerungen an das kindliche Denken und Fühlen können uns während der ganzen Kleinkindzeit helfen, die Motive und Gefühle der eigenen Kinder besser zu verstehen.

Mit Humor geht alles besser

Zum Abschluss dieses Kapitels über Trotz noch die Geschichte einer Familie, die als mögliche Hilfestellung auch für Sie gelten kann.

Beispiel: Den „Bock" rauslassen
Eines Tages, als Else wieder mal einen Trotzanfall bekam – diesmal wegen eines zu dick bestrichenen Butterbrotes, ballte sie die Fäuste und verzog das Gesicht. Frau H. erinnerte diese Szene sehr an Ihren jüngeren Bruder, als er im selben Kleinkindalter war wie ihre Tochter. Ihre Mutter kam damals auf die Idee der Bockgeschichte. Frau H. sagte zu Else: „Da hat sich doch glatt bei der Else der Bock versteckt. Schaut nur, wie ernst er guckt. Schnell nehmen wir den Bock weg und werfen ihn zum Fenster raus." Else schaute ganz überrascht. Ihr Bruder lief mit Begeisterung zum Fenster und öffnete es. Jetzt lachte auch Else und ließ sich den Bock von der Brust und aus den Fäusten nehmen und ließ ihn aus dem Fenster werfen.

Dieses Bockspiel wurde ab diesem Zeitpunkt in mehreren Varianten angewendet und hatte immer wieder Erfolg. Das Kind war somit zunächst mal abgelenkt. Es konnte später genau sagen, wo der Bock saß, ob in der Brust oder im Kopf oder im Bauch und wo er das Kind ganz wütend machte. Else lernte auf diese Weise hinzuspüren: Sie wollte ja auch von ihrer Wut befreit werden. Der Trotz an sich ist nun nichts Böses mehr, sondern er nimmt eine Gestalt an, und das Kind lernt immer besser, mit diesem Trotz umzugehen.

Auch den Eltern hilft dieses „Bockspiel", mit Humor und Fantasie auf die Erregung zu reagieren und das Kind von dem „Bock" zu befreien. So werden Eltern und Kind Partner. Dabei kann das Kind sein Gesicht wahren, und die Eltern sehen danach die befreite Else wieder in einem positiven Licht. Sie verbinden sich dabei mit der kreativen Seite ihres Kindes. Der „Bock" ist natürlich manchmal auch sehr schlau und kommt zum Fenster wieder herein oder über die Hintertür. Manchmal versteckt er sich in einem anderen Kind oder gar in einem Hund, wenn der plötzlich gar so laut bellt. Der Fantasie sind somit keine Grenzen mehr gesetzt, und nach der Befreiung des Trotzes darf herzhaft gelacht werden.

Familie H. hat auch mit ihren weiteren Kindern und vor allen Dingen mit ihrem dritten Kind, der jetzt vierjährigen Emma, sehr gute Erfahrungen mit dieser Bockgeschichte gemacht. Wenn Emma merkt, dass sie sich in einen Wutanfall verrennt, und ein Familienmitglied meint, ob der „Bock" denn nun wieder da sei, dann läuft sie zu Mama oder Papa und bittet diese, den „Bock" aus ihrer Brust oder ihrem Bauch zu nehmen.

Kürzlich hat sie auf dem Spielplatz ein wütendes Kind beobachtet. Plötzlich schaute sie ganz ernst und meinte: „Oh je, zu dem Mädchen ist der Bock jetzt hingegangen. Wir müssen helfen und ihn wieder wegnehmen." Für die Kinder und auch die Eltern hat der Trotzanfall auf diese Weise viel von seinem Schrecken verloren.

Je früher man damit anfängt, dieser Erregung eine Gestalt zu geben, desto besser kann das Kind aus dieser Erregung wieder herausfinden und umso eher wird es lernen, neue Wege zu finden, um mit Enttäuschungen fertig zu werden.

Entwicklungspsychologische Erklärung der Trotzphase

Der Trotz ist eine wichtige Phase zur Entwicklung der Selbstständigkeit des Kleinkindes und der Ablösung vom Babyalter. Er tritt zum ersten Mal in der für das Kind sehr wichtigen Experimentierphase auf, in der es laufen und sprechen lernt und sein Handeln immer mehr ausweiten wird. Es erlebt sich nicht mehr als Wir-Person, sondern entdeckt sein Ich-Bewusstsein und seine Macht. Dabei ist es unzufrieden mit sich selbst, da es viele Dinge eben noch nicht so geschickt kann – und es kommt in Konflikt mit den elterlichen Grenzen und Geboten.

Dadurch dass seine Bedürfnisse sich deutlich von denen der Erwachsenen unterscheiden, fühlt es sich, als würde es eingeschränkt werden. Die Konflikte lösen zwangsläufig eine Erregung aus, die – unwillentlich – über das psycho-vegetative System gesteuert wird. Erst zwischen dem dritten und vierten Lebensjahr lernt das Kind, seine Emotionen selbst zu lenken.

Trotz kann man auch wie einen Kurzschluss sehen, in dem das Kind für kurze Zeit den Kontakt zu seiner Umgebung verliert. Es gibt für das Kind zwar schnell einen Anlass, trotzig zu sein, aber nicht immer ist der für die Eltern erkennbar – und das Kind hat den Auslöser nach dem Anfall meist schon wieder vergessen.

Trotziges Verhalten entsteht durch einen Konflikt zwischen kindlichem Wunsch und Willen und den Ansprüchen oder Einschränkungen der Erwachsenen. Deshalb tritt Trotz auch nie in einem Streit zwischen Gleichaltrigen auf. Kinder im gleichen Alter sind sich ebenbürtig, sie denken und fühlen gleich. Das Kind kommt nicht in seelische Nöte und Konflikte wie gegenüber seinen Eltern. Denn einerseits will es verstanden werden oder eben seinen Willen durchsetzen, auf der anderen Seite befürchtet es, nicht mehr geliebt zu werden, wenn es geschimpft oder gar geschlagen wird. Es bekommt Angst, verlassen zu werden, wenn es weggeschickt wird – zum Beispiel in einen anderen Raum (time out) oder auf den stillen Stuhl. Diese Angst oder Enttäuschung baut eine neue Erregung auf, und es kann zum nächsten Trotzanfall kommen. So kann ein Teufelskreis entstehen, aus dem sich Eltern und Kinder oft nur mit therapeutischer Hilfe befreien können. Je (be-)enger also die Einschränkungen, desto eher die Bereitschaft zu trotzen.

Ab drei Jahren, wenn das Kind sich besser bewegen kann, geschickter geworden ist, Zusammenhänge klarer erkennen und seinen Willen deutlicher äußern kann, werden die Trotzreaktionen schwächer werden. Zwischen dem dritten und vierten Lebensjahr ist die soziale Entwicklung soweit fortgeschritten, dass das Kind bereit ist, sich auerhalb seiner Familie zu orientieren. Es ist fähig, abzuwarten, sich klar verbal zu äußern und kann sich in andere Menschen hineinversetzen, es hat also Mitgefühl und Helfen gelernt. Jetzt kann es einen Kindergarten besuchen.

Kindergartenkinder trotzen nur noch selten, sie werden noch ab und zu ihren kleinen „Bock“ zeigen. In der Gruppe lernen sie auf einander zu achten, Gruppenregeln einzuhalten, ihre Emotionen zu steuern und Grenzen zu akzeptieren. Misserfolge können sie immer besser aushalten. Der Trotz des Kleinkindes geht also wieder vorüber. Wie kurz oder wie lange diese Phase dauern wird, hängt von individuellen und situativen Faktoren ab, von seiner sicheren Bindung zu den Eltern, aber auch von ihren Verhaltensweisen und den sozialen Umständen. Haben Sie Mut, den Trotz Ihres Kindes verständnisvoll auszuhalten! Sehen Sie ihn als positive Kraft. Der lautstarke Wille Ihres Kindes, seine massive Enttäuschung und seine handfeste Wut wirken zwar sehr negativ, gehören aber zur gesunden Entwicklung Ihres Kindes dazu. Nur wenn es seine Gefühle zeigen darf, wird es sich als kleine Persönlichkeit gewertschätzt fühlen. Mit seinem wachsendem Selbstbewusstsein kann es später lernen, seine Emotionen soweit zu steuern, dass sie sozial erträglich werden. Ein selbstsicheres älteres Kind wird versuchen, seine Wünsche ohne Trotzanfall durchzusetzen. Es wird die Geduld haben, abzuwarten. Und es wird ihm gelingen, eine Frustrationstoleranz aufzubauen.

Kindliche Wutausbrüche und Aggressionen

Die Entwicklung kindlicher Aggressionen

Ungefähr ab dem dritten Lebensjahr wird ein Kind nicht mehr so sehr trotzen müssen, da es nun fähig ist, seine Wünsche und Gefühle differenzierter auszudrücken. Aber leider kann noch keine Entwarnung gegeben werden, denn die kindlichen Affekte – wie Wut und Ärger – werden nicht weniger, sie laufen jetzt nur komplexer und zielgerichteter ab. Das Kind ist seiner Wut nicht mehr so hilflos ausgeliefert wie bei den typischen Trotzanfällen. Es kann seine Affekte jetzt besser lenken, aber seine Ansprüche und seine Absichten erweitern sich – und damit gibt es mehr Gründe, sich zu ärgern oder enttäuscht zu sein. Da das Kind motorisch und verbal immer geschickter wird, werden seine motorischen und verbalen Aggressionen zunehmen und personen- oder sachbezogen eingesetzt.

Erinnern Sie sich an die Säuglingszeit Ihres Kindes? Ihr Baby konnte in verschiedenen Situationen durchaus heftige Emotionen zeigen, wie Freude, Angst, Ärger und Enttäuschung: Diese Grundemotionen sind angeboren. Ein Baby hat noch kein Zeitgefühl und kann noch keine logischen Zusammenhänge erkennen; es äußert seine Grundbedürfnisse nach Nahrung, Schlaf, Beschäftigt- und Getragenwerden plötzlich und manchmal auch sehr intensiv. Es kann noch nicht warten und ist in der Regel sofort wieder zufrieden, wenn ihm seine Wünsche möglichst schnell erfüllt werden. Es ist mit seinen Eltern noch eng verbunden (Symbiose) und fühlt sich durch ihre Fürsorge geborgen. Man kann es dem Baby aber nicht immer sofort recht machen. Manchmal erregt es sich dann sehr und wirkt dabei auch zornig. „So klein und schon so wütend", haben Sie sich vielleicht damals gedacht.

Aggressionen im Krabbelalter

Im Krabbelalter und im späteren Laufalter stößt das Kind durch seine Neugierde immer wieder an natürliche Grenzen und erfährt zum ersten Mal elterliche Einschränkungen, die es noch als willkürlich erlebt. Je nach Temperament lässt sich das Kind entweder ablenken oder gibt seine Enttäuschung oder Ärger lauthals durch Schreien kund. In diesem Alter treten dann die ersten Trotzanfälle auf, wie Sie im ersten Kapitel lesen konnten. Im ersten und zweiten Lebensjahr richtet sich das Kind überwiegend noch nach dem elterlichen Willen. Aggressive Verhaltensweisen wie Beißen, Zwicken, Treten und Schlagen können dabei durchaus schon im ersten Lebensjahr auftreten, da diese Verhaltensweisen jedem Menschen angeboren sind. Jedes Kleinkind, auch bereits der Säugling, entdeckt eine gewisse Macht, die es mit diesen Verhaltensweisen ausüben kann.

Dieses aggressive Verhalten verfolgt aber noch keine tiefer gehenden Absichten und Strategien. Das Kind ist einfach nur neugierig, was passiert, wenn es experimentiert. Es meint es keineswegs böse. Es erlebt die Reaktionen der Erwachsenen auf sein Verhalten zwar unterschiedlich – von freundlich bis ärgerlich –, aber seine Verhaltensweisen sind in erster Linie Ausprobierenwollen und Kontaktaufnahme zu anderen Kindern und den Erwachsenen. Ob das Kind von seinen aggressiven Impulsen öfter Gebrauch macht, hängt von seinen persönlichen Erfahrungen ab, vor allem davon, wie seine Eltern mit diesen Verhaltensweisen umgehen. Auch das familiäre Klima spielt eine Rolle. Solange das Kind noch nicht sprechen kann, wird es seine Affekte (Wut und Enttäuschung) oder seinen Willen überwiegend körperlich ausagieren.

Die Drei- bis Vierjährigen

Sobald sich das Kind sprachlich besser ausdrücken kann, kommen auch vermehrt verbale Aggressionen hinzu wie „Böse Mami", „Du blöde Kuh", „Nein, nein, ich will nicht", die um das vierte Lebensjahr ihren Höhepunkt erreichen. Da viele Kinder in diesem Alter einen Kindergarten besuchen, bringen sie natürlich auch von anderen Kindern verbale Kraftausdrücke und aggressive Worte mit nach Hause, die sie dann ganz bewusst einsetzen. Sie sind gespannt, wie Sie darauf reagieren: Schimpfen Sie, wird dieses Wort um so interessanter. Ihr Kind steht nun im Mittelpunkt und erlebt seine Macht, und das ist häufig sein Ziel. Es will beachtet werden. Hören Sie sich das Wort aber nur an und gehen nicht weiter darauf ein, sagen vielleicht, dass Sie solche Wörter nicht gerne hören, dann wird das Kind erleben, dass es damit keine große Beachtung bekommt. Auf diese Weise wird das Wort bald wieder langweilig werden.

Im Kindergarten muss sich das Kind in eine soziale Gemeinschaft eingliedern, muss lernen auch mal abzuwarten und Grenzen zu akzeptieren. Dabei aufgestaute Enttäuschungen und Ärger werden zu Hause häufig erst mal an den Eltern oder Geschwistern ausgelassen. Auch hier hilft es, wenn Sie nicht zu sehr auf die Wutreaktionen Ihres Kindes eingehen, sondern eher versuchen zu hinterfragen, was das Kind denn im Kindergarten erlebt hat. Ihr Verständnis dafür, dass es einen langen und anstrengenden Vormittag hinter sich hat, wirkt entspannend auf die Situation.

Im Alter zwischen drei und vier Jahren können Kinder durchaus schon mit massiven, destruktiven Aggressionen auffallen.

Ob das Kleinkind seine Affekte letztlich in sozial erträglicher Weise auslebt, hängt von den elterlichen und später den erzieherischen Reaktionen im Kindergarten ab. Wie Sie in weiteren Kapiteln sehen werden, spielen aber noch viele andere mögliche Ursachen bei der Intensität der Aggressionen eine Rolle. Erst die Häufigkeit, die Anzahl verschiedener aggressiver Verhaltensweisen und die Dauer sind dafür ausschlaggebend, ob es sich noch um normale kindliche Affekte handelt oder schon um auffallende destruktive kindliche Aggression.

(Psycho)logische Gründe

Was sind eigentlich kindliche Aggressionen? Wie, wann und warum verhält sich ein Kind aggressiv? Mit diesen wichtigen Fragen beschäftigt sich das folgende Kapitel.

Neugierde und Lebensfreude

Säuglinge und Kleinkinder haben einen sehr engen Körperkontakt zur Mutter, vor allem, wenn sie bis Ende des ersten Lebensjahres gestillt werden. Frauen berichten immer wieder, dass ihr Kind sie schon mal in die Brust gebissen oder gezwickt hat oder an den Haaren gezogen hat. Beim Wickeln kann es passieren, dass der Säugling oder das Kleinkind nach den Eltern tritt oder sie schlägt. Will es die Eltern ärgern? Nein, es probiert seine Kraft aus, es beobachtet die Reaktion der Erwachsenen und möchte mit diesen Verhaltensweisen oft nur seiner Lebensfreude und seiner Neugierde Ausdruck geben. Viele Krabbelkinder haben großen Spaß daran, Erwachsene oder ein anderes Kind zu zupfen, zu zerren, zu patschen oder zu beißen, so wie sie es auch mit ihrer Puppe, dem Kuscheltier und ihrem Spielzeug tun. Das Baby weiß noch nicht, dass diese Handlungen schmerzhaft sein können. Erst das erschrockene „Aua" des Opfers lässt das Kind erstaunt innehalten. Es wird dann eher überrascht oder neugierig schauen, aber auf keinen Fall böse. Diese negative Absicht kennt es noch gar nicht. Neugier und Lebensfreude sind die Antriebskraft, die hinter diesen scheinbar aggressiven Verhaltensweisen stecken.

Die Reaktionen der Eltern

Es ist ganz menschlich, dass Sie überrascht oder gar verärgert reagieren, wenn Ihr Baby Sie beißt oder zwickt. Ihr Kind hat es, wie gesagt, nicht böse gemeint. Ihr erschrockenes Gesicht, Ihr lautes „Aua", das Festhalten der kleinen Hand oder ein energisches Kopfschütteln, verbunden mit einem ernsten Satz, wie „Das tut dem Papa weh" zeigen Ihrem Kleinen, dass solche Aktionen nicht erwünscht sind. Da das Kind die Mimik der Erwachsenen genau beobachtet, spürt es, was den anderen erfreut oder verärgert. Lassen Sie Ihr Kind gewähren oder lachen gar darüber, so wird es glauben, ein lustiges Spiel zu spielen, und natürlich weitermachen. Seine Aktionen können durchaus heftiger werden und wirklich wehtun. Wenn der Winzling dann plötzlich einen Klaps bekommt, versteht er die Welt nicht mehr. Erst war es ein lustiges Spiel, und nun wird er beschimpft oder gar bestraft. Aus dieser Verunsicherung und Enttäuschung heraus ist es verständlich, wenn das Kleine schreit. Vielleicht wird es auch tatsächlich wütend. Man sollte deshalb lieber von Anfang an klare Grenzen setzen und dem Kind mit Gestik und Mimik zeigen, dass sein Verhalten nicht erwünscht ist.

Entdeckungs- und Forscherdrang

Beispiel: Zerstören ohne böse Absicht

Moritz, zwei Jahre alt, spielt im Wohnzimmer. Die Mutter ist in der Küche beschäftigt und hört von weitem, wie er mit seinen Spielsteinen klappert. Es ist schon eine Weile still, der Mutter kommt dies verdächtig vor. Sie sieht lieber mal nach. Im Wohnzimmer sitzt Max vor dem CD-Regal. Er ist ganz vertieft in sein tolles Spiel, mit einem Stift über die schöne blanke Scheibe einer CD zu kritzeln. Die Mutter reißt ihm die Scheibe aus der Hand und sagt ärgerlich: „Du bist zurzeit schrecklich. Alles, was du in die Hände bekommst, machst du kaputt.“ Dabei gibt sie ihm einen Klaps auf die Hand. Moritz schaut die Mutter erstaunt an, verzieht weinerlich das Gesicht und wirft die leere CD-Hülle an die Wand: „Moritz macht nichts kaputt. Moritz malt.“

Viele Eltern neigen dazu, die fröhlich-impulsive Entdeckerfreude ihres Kindes misszuverstehen – vor allem, wenn es

Gegenstände der Erwachsenen zweckentfremdet. Geht dabei etwas kaputt, war es in den Augen der Eltern böse Absicht. Das Kind wollte aber nichts zerstören, sondern war ganz ins Spiel vertieft. Gegenstände werden im Kleinkindalter oft beseelt oder fantasievoll zweckentfremdet. Das Kind kann die Folgen seiner Handlungen noch nicht überblicken. Auch in obigem Beispiel ist es verständlich, dass die Mutter wütend wurde. Doch Emotionen stecken an und können sich gegenseitig hochschaukeln. So wurde Moritz auch wütend, denn er fühlte sich angegriffen durch das Schimpfen der Mutter und die Unterstellung: „Du machst zurzeit alles kaputt."

TIPP: Zeigen Sie Ihrem Kind, wie es richtig mit Alltagsgegenständen umgeht.

In diesem, für die Eltern durchaus sehr anstrengenden Forschungsjahren, in denen das Kind viel über Erfahrung und Ausprobieren lernt, ist es ratsam, wertvolle, nicht ersetzbare Gegenstände lieber aus der Reichweite des Kindes zu räumen. Ansonsten sollten Sie dem Kind helfen, seine Forscherlust auszuleben. Lassen Sie Alltagsgegenstände in seiner Reichweite, zeigen Sie ihm aber, wie Sie möchten, dass es damit umgeht. Kinder lernen sehr viel über Beobachten und Nachahmen, und wenn es lernt, die Töpfe nach dem

Ausräumen aus dem Schrank auch wieder einzuräumen, so kann daraus ein lustiges Spiel werden. Haben Sie den Eindruck, Ihr Kind hat Langeweile und fängt deshalb an, die Einrichtung zu demolieren, dann sollten Sie versuchen, es abzulenken und seinen Spieltrieb auf robustere Gegenstände zu richten oder es in ihre Tätigkeiten miteinzubeziehen. Die Arbeit dauert dann eventuell etwas länger – aber es erspart Ihnen und Ihrem Kind Wutausbrüche.

Eifersucht

Beispiel: Familienzuwachs
Sebastian, drei Jahre alt, bekommt ein Schwesterchen. Als er mit seinem Vater die Mama mit dem Neugeborenen zum ersten Mal besuchen darf, ist er sehr neugierig. Er schaut sich seine Schwester ganz genau an und streichelt sie. Nach einer Weile meint er aber: „Papa, bring sie wieder weg. Ich mag keine kleine Schwester. Die sieht so hässlich aus." Die Eltern schauen sich erschrocken an. Ist ihr Sebastian nun schon eifersüchtig oder gar böse auf seine Schwester?

Böse ist er auf keinen Fall. Er reagiert nur sehr ehrlich und zeigt sein Gefühl der Enttäuschung, weil die Schwester nicht so hübsch aussieht. Er kann sich noch gar nicht vorstellen, wie es sein wird, wenn er die Zuwendung seiner Eltern mit der Schwester teilen muss. Ob Sebastian letztendlich eifersüchtig reagieren wird, hängt wiederum sehr davon ab, wie seine Eltern ihn auf die Geburt der Schwester vorbereitet haben und wie sie mit ihm umgehen werden, wenn die Kleine nach Hause kommt. Gerade das erstgeborene Kind stand ja zwei bis drei Jahre im Mittelpunkt seiner Eltern, und es wird sich deshalb nur langsam daran gewöhnen, dass es nun einen kleinen Konkurrenten an seiner Seite hat.

TIPP: Sie dürfen das Erstgeborene nicht plötzlich entthronen mit Sätzen wie: „Du bist jetzt der/die vernünftige Große“, sondern mit einbeziehen in die Versorgung des Babys. Haben Sie Verständnis, wenn das Erstgeborene noch „klein“ sein möchte, also vielleicht auch gewickelt oder gefüttert werden will. Es wird stolz sein, wenn es das Baby tragen und wiegen darf.

Macht ausüben

Beispiel: Auf dem Spielplatz

Die 18 Monate alten Mädchen Julia und Heike spielen im Sandkasten, jedes in seiner Ecke. Die Mütter unterhalten sich angeregt und haben ihre Kinder nicht direkt im Blick. Julia schaufelt Sand in einen roten Eimer. Heike füllt Förmchen auf und gießt den Inhalt in eine grüne Kiste. Plötzlich krabbelt Julia zu Heike und haut ihr das Schäufelchen auf den Kopf. Heike fängt an zu brüllen. Julia schaut überrascht, die Mutter läuft zu ihr, gibt ihr einen Klaps auf die

Hand und sagt entrüstet: „Julia, du bist böse. Die Heike hat dir doch gar nichts getan." Jetzt brüllt Julia wie am Spieß und wirft mit Sand um sich.

Sie zeigt durchaus eine aggressive Verhaltensweise, um sich durchzusetzen. Aber sie wollte Heike nicht wehtun. Sie hatte vielleicht die grüne Kiste entdeckt und wollte sie haben. Sie probiert einfach mal, wie weit sie mit ihrer Macht kommt. Natürlich denkt sie noch nicht strategisch, sondern handelt einfach spontan und egoistisch. Durch Mamas strenge Reaktion erfährt sie, dass ihre Art von Kontaktaufnahme so nicht erwünscht ist.

Weshalb der Klaps jedoch nicht angebracht war, werden Sie in dem Kapitel „Strafen haben Nebenwirkungen" (Seite 160) noch genauer erfahren.

Es wäre sicher richtiger gewesen, die Mutter hätte sich darauf verlassen, dass Julia allein aus Heikes Reaktion erfahren hätte, dass sie andere Kinder nicht schlagen soll. Bis ungefähr zum Alter von drei Jahren sind Kinder aber letztlich Konkurrenten um die Liebe und Aufmerksamkeit der Eltern. Das soziale Miteinanderumgehen, wie abwarten und teilen, um ein Spielzeug bitten, das lernen Dreijährige erst im Kindergarten. Jetzt sind sie alle noch kleine Egoisten und versuchen, sich mit ihren Möglichkeiten durchzusetzen.

Kontakt aufnehmen

Beispiel: Im Kindergarten
Stefanie, vier Jahre alt, geht sehr gerne in den Kindergarten, doch heute kommt sie weinend zum Vater gelaufen, als dieser sie abholt. „Ich will nicht mehr in den Kindergarten. Der Markus hat mich gehaut und gekratzt und gesagt: ‚Hau ab. Ich mag Mädchen nicht.'" Der Vater lässt Stefanie ausweinen und nimmt sie in den Arm. Dann versucht er, sie über Markus auszufragen. Er erfährt, dass der Junge erst seit einer Woche im Kindergarten ist und sich ziemlich wild verhält. Außer Stefanie haben auch andere Mädchen schon Angst vor ihm.

In einem Gespräch mit der Erzieherin erfährt der Vater, dass Markus tatsächlich große Schwierigkeiten hat, sich in der Kindergruppe einzuleben. Er ist Einzelkind, hat schon zwei Umzüge hinter sich und war bisher noch nie in einer Kindergruppe. Er weiß nicht, wie er sich den anderen Kindern nähern soll, was er machen muss, damit sie mit ihm spielen – damit sie merken, dass er da ist. Er probiert es einfach mal mit Schlagen, Kratzen oder Schimpfworten.

Kindliche Aggressionen können auch eingesetzt werden, um auf sich aufmerksam zu machen, um wahrgenommen zu werden, wie es in diesem Beispiel Markus tut.

Markus benötigt die Hilfestellung seiner Mutter und der Erzieherin um durch andere Verhaltensweisen zu erfahren, wie er auf freundliche Art Kontakt aufnehmen kann. Die Mutter sollte ein bis zwei Kinder zu sich nach Hause einladen, damit Markus Schritt für Schritt lernt, Kontakt aufzubauen. Zu Hause fühlt sich ein Kind schon mal sicherer als in einem neuen und großen Kindergarten. Spätestens wenn Markus einen Freund gefunden hat, bekommt er mehr Sicherheit in der Gruppe.

„Ich will jetzt nicht!"

Beispiel: Aufräumen

Robert und Sarah, beide im Vorschulalter, spielen in ihrem Zimmer. Es sieht aus wie auf einem Schlachtfeld. Da es schon Abend ist, bittet die Mutter die Kinder aufzuräumen. In zehn Minuten soll es Abendessen geben. Im Kinderzimmer tut sich aber nichts. Robert spielt weiter, als ob er nichts gehört hätte, und Sarah sitzt in ihrer Puppenecke. Als die Mutter zum zweiten Mal mahnt, erntet sie nur ein Kopfschütteln von Sarah und ein: „Ich mag nicht aufräumen." Robert setzt sich demonstrativ den Kopfhörer auf. Nun holt die Mutter den Vater zu Hilfe, der laut schimpft: „Wenn ihr nicht sofort aufräumt, dann setzt es was." Sarah mault: „Warum soll ich aufräumen? Es ist gerade so schön. Der Robert soll aufräumen." Robert dreht sich zu seiner

Schwester um: „Du blöde Kuh. Räum du doch auf." Nun streiten sich die Geschwister, und der Vater wird ungeduldig. Er zieht Robert den Kopfhörer herunter und zerrt Sarah von Robert weg. Sarah rennt daraufhin heulend aus dem Zimmer, Robert stampft in seiner Ecke und murmelt: „Blöder Papa." Inzwischen fängt die Mutter an aufzuräumen. Das wiederum ärgert den Vater, der ihr vorwirft, sie erziehe die Kinder nicht streng genug, weil sie letztlich doch alles selber mache und die Kinder immer ihren Kopf durchsetzen können.

In diesem Beispiel handelt es sich durchaus um kindliche Aggressionen. Die Kinder wollten ihren Willen durchsetzen und zankten sich auch noch. Häufiger passiert es, dass dann auch noch die Eltern anfangen zu streiten: Eine ganz typische Erziehungssituation, ein typischer Alltag in einer Familie mit Kindern im Vorschulalter. Sind diese Kinder nun böse? Unerzogen? Sind die Eltern heutzutage zu geduldig oder schneller verunsichert? Auch in obigem Beispiel geht es um ganz normale kindliche Affekte. Wer hat schon Lust, sofort mit einem Spiel aufzuhören! Selbst Erwachsene würden in solch einer Situation erst einmal Ausweichhandlungen anbieten. Damit es nicht zu täglichen Erziehungskonflikten und Streitereien kommt, ist es wichtig, die Motive und die Ziele des kindlichen Verhaltens zu erkennen und auch die eigene Erziehungseinstellung und die eigenen Erziehungsziele (siehe Seite 106).

Entwicklungspsychologische Erklärung: Grund und Ziel von Aggressionen

Die bisher geschilderten Situationen passieren täglich im Zusammenleben mit Kleinkindern. Kindliche Affekte und Aggressionen gehören ebenso zum Alltag wie die freudigen Reaktionen unserer Kinder. Je mehr ein Kind aber mit elterlichen Grenzen und Einschränkungen konfrontiert wird, je mehr es selber ausprobieren will, desto öfter wird es immer wieder auch an seine eigenen Grenzen stoßen. Ein Kind hat ganz andere Ziele als seine Eltern. Kindliche Aggressionen sind völlig normal und altersbedingt. Sie haben immer einen psychologischen Grund und ein bestimmtes Ziel.

Wir Erwachsene haben gelernt, unsere Gefühle mehr oder weniger zu beherrschen. Zugleich lässt das Aufgeteiltsein zwischen verschiedenen Pflichten oft nur wenig Zeit, sich mit den wirklichen Bedürfnissen und Gefühlen der Kinder auseinanderzusetzen. Das Erwachsenendenken kann oft völlig konträr zur kindlichen Denk- und Gefühlswelt ablaufen: Das Kleinkind lebt noch im Hier und Jetzt, hat noch kein Zeitgefühl, noch kein logisches Verständnis, und es wird versuchen, seine Bedürfnisse und Wünsche durchzusetzen, notfalls mit Machtmitteln. Seine Wünsche werden entweder erfüllt oder abgelehnt durch verständnisvolles, bis hin zu schimpfendem oder strafendem Verhalten. Auch zu großzügiges Verhalten mit Verwöhnen und Laufenlassen kann Kinder aggressiv werden lassen. Denn letztlich wollen sie ernst genommen werden und durchaus auch Grenzen spüren.

Ziele kindlicher Aggressionen

- Sich einen Wunsch erfüllen: zielgerichtete Aktion – dem anderen etwas wegnehmen, den anderen von einer Sache wegschubsen.
- Die eigene Macht ausüben, um einen Verhaltensspielraum auszuloten.
- Wer ist der Stärkere? Jemanden ärgern macht Spaß! Wie wird der andere reagieren?
- Kontakt aufnehmen: eher spielerische Aggression – schubsen, zwicken, rangeln, etwas wegnehmen.
- Passiver Widerstand (meist gegen Erwachsene): z. B. schweigen, Blickkontakt vermeiden oder Nein sagen, selbst bei Dingen, die man eigentlich gern mag.
- Sich selbst nicht mögen: sich schädigen, um sich zu spüren (z. B. Haare ausreißen, sich blutig kratzen).
- Angst und Unsicherheit: Das Kind fühlt sich einsam. Angst vor Strafe. Angst vor anderen Kindern. Es fühlt sich zurückgesetzt.
- Eifersucht: Das Kind möchte im Mittelpunkt stehen. Es fühlt sich zurückgesetzt, nicht geliebt.
- Enttäuschung (Frustration): Zu viele Einschränkungen durch zu viele Neins und Strafen oder durch körperliche Unfähigkeit.

Wissenschaftliche Erklärungsversuche

Aggression ist eine Folge von Frustration

Die Verhaltensforschung geht von der Annahme aus, dass jede Frustration (Enttäuschung) zu irgendwelchen Formen der Erregung führt. Unter Frustration wird die Einschränkung von Bedürfnissen und Zielen bezeichnet. Im Alltag werden Kinder und Erwachsene tagtäglich immer wieder frustriert, da es sich gar nicht vermeiden lässt, Grenzen zu setzen, oder immer wieder Sachzwänge auftreten. Je kleiner das Kind ist, desto eher sieht es die Einschränkung seiner Bedürfnisse zunächst als elterliche Willkür. Im Alter zwischen ein und drei Jahren wird es teilweise darauf trotzig reagieren.

Wie bereits erwähnt, ist Trotz ein Erregungsablauf der nicht personengezielt eingesetzt wird, sondern durch das psycho-vegetative System ablaufen muss. Das Kind kann aber seinen Willen, seinen Widerstand, über kindliche Aggressionen durchzusetzen, die jedoch ziel- und personenorientiert eingesetzt werden. Kleinen Kindern sind die Regeln der Erwachsenenwelt noch nicht verständlich. Erst zwischen acht bis zehn Jahren fängt das Kind an logisch zu denken und kann die Regeln der Erwachsenen immer besser verstehen. So hat es wenig Sinn, bei drei- bis vierjährigen Kindern an die Vernunft zu appellieren. Gewünschtes Verhalten des Kindes sollte diesem immer erklärt und altersgerecht gezeigt werden. Ein Zu-viel-Wollen würde Kind und Eltern nur noch mehr frustrieren.

Wie das Kleinkind nun lernt, mit diesen tagtäglichen Enttäuschungen umzugehen – ob es darauf aggressiv oder willig konstruktiv reagiert –, hängt entscheidend von der Art und Weise ab, wie die Eltern mit ihrem Kind umgehen.

Frustrationen können sich auch aufgrund von anderen Enttäuschungen aufbauen, wie Misserfolge im Spiel oder bei anderen körperlichen Betätigungen, durch aufgestaute oder unbefriedigende Liebesbedürfnisse und Mangel an Zuwendung und Aufmerksamkeit. Jedes Kind möchte am liebsten im Mittelpunkt stehen. Es kennt nur sich als Zentrum der Welt. Wie das Kind also letztlich mit seinen Frustrationen umzugehen lernt, hängt sehr davon ab, ob es sich in seiner Person ernst genommen und geliebt fühlt. So können Kinder auch eine gewisse Frustrationstoleranz aufbauen.

Frustrationstoleranz fördert die soziale Kompetenz

Unter Frustrationstoleranz versteht man die Fähigkeit, die das Kind entwickelt hat, mit Enttäuschungen umzugehen und abzuwarten, aber auch die Fähigkeit, sich in einen anderen Menschen hineinzuversetzen, also auchww ein Geschehen mit den Augen des Gegenübers zu beurteilen und mitzufühlen. Mitgefühl lernt das Kind überwiegend über Beobachtung der Erwachsenenwelt. Über das Vorleben, über

Geschichten erzählen werden die Eltern dem Kind vermitteln können, dass auch andere Menschen und Tiere fühlen und leiden. Gerade die Eltern haben hierbei Vorbildfunktion. Das Kind wird im Rollenspiel, wenn es mit seinen Puppen und Tieren spielt, immer wieder die liebevolle, fürsorgliche und mitfühlende Rolle nachahmen. Durch Erklärungen, durch freundliche Zuwendung, aber auch durch die Bestätigung, dass das Kind gewisse Dinge gut kann, wird es sein Selbstbewusstsein immer mehr aufbauen und fähig sein, anderen Menschen einmal den Vortritt zu lassen und Rücksicht zu nehmen. Die Eltern sind für das Kleinkind das Modell, sie fördern die soziale und geistige Entwicklung ihres Kindes. Sie lässt sich zwischen drei und vier Jahren im Rollenspiel beobachten, das die Kinder mit Puppen und Tieren ausleben. Wenn Sie zusammen Bildgeschichten anschauen und dem Kind die zwischenmenschlichen Situationen ausführlich erklären oder auf der Straße bestimmte Szenen gemeinsam beobachten (z. B. wie ein alter Mensch durch den Verkehr geleitet wird), fördert dies die soziale Kompetenz des Kindes. Es nimmt all diese Situationen auf und wird sie letztlich später auch nachahmen.

Kinder, die nicht in dieser Richtung unterstützt werden und keine positiven Vorbilder haben, zeichnen sich oft schon mit vier bis fünf Jahren durch geringes Einfühlungsvermögen aus. Sie reagieren teilweise sehr egoistisch und rücksichtslos und haben eine hohe Neigung zu Aggression ohne Hemmschwelle. Eine natürlich gewachsene Frustrationstoleranz schützt das Kind vor heftigen Aggressionen und fördert das Mitgefühl. Spätestens mit sechs Jahren sollte das Kind diese soziale Fähigkeit, sich in einen anderen hineinzuversetzen, ausgebildet haben. Wird das Kleinkind jedoch in seiner Person abgelehnt, erfährt es also sehr viel negative Zuwendung (es fühlt sich abgeschoben und gar für seine Enttäuschungen und Ärgerreaktionen bestraft), wird sich eine Frustration zur anderen addieren – somit kann kaum Frustrationstolerenz aufgebaut werden. Es genügt dann oft eine Kleinigkeit, und das Kind fühlt sich angegriffen und „rastet" aus – ähnlich wie im Erwachsenenleben die nörgelnde und unzufriedene Frau, die sich über jede Kleinigkeit aufregt, oder der gestresste Mann, der zu Hause explodiert, da er am Arbeitsplatz sehr viel einstecken musste. Frustrationen haben also neben einem sachlichen immer auch einen Gefühlsaspekt. Hinter jeder Frustration steckt Ärger oder Angst oder das Gefühl, zurückgesetzt worden zu sein. Wenn ein Kind vermehrt aggressiv handelt, sollte man versuchen, seine dahinter liegenden Gefühle zu erkennen und die Situationen genau beobachten, in denen das Kind frustriert reagiert.

Aggression als Lebenstrieb

Verhaltensbiologen sehen in Aggressionen einen angeborenen Lebenstrieb, der dem Menschen hilft, sich durchzusetzen. Wird dieser Lebenstrieb nicht genügend befriedigt, das Kind also sehr eingeschränkt, führt dies zu einem Aggressionsstau – das Kind explodiert irgendwann. Gerade in den 1970er Jahren wurde sowohl in Amerika als auch später in Deutschland ein Erziehungsstil propagiert, bei dem es darum ging, dem Kind jegliche Frustrationen zu ersparen. Es sollten keinerlei Grenzen gesetzt werden, damit sich die Heranwachsenden möglichst frei entfalten können (non frustration children). Es stellte sich allerdings nach ein paar Jahren heraus, dass die so erzogenen Kinder unerträglich frech, aufsässig und aggressiv wurden. Ein Beweis für die Verhaltensforscher, dass Aggressionen angeboren und auch durch das Vermeiden von Einschränkungen und Frustrationen unabwendbar sind.

Aggressionen brauchen Grenzen

Für die Erziehung bedeutet dies, dass die menschlichen Aggressionen durch bestimmte Grenzen, Regeln und Verbote gelenkt werden müssen. Entfallen diese Grenzen bei Kindern, können sie sich später kaum mehr in die soziale Gemeinschaft einordnen (Stichwort: „kleine Tyrannen“). Entfallen diese Grenzen und moralischen Regeln bei Erwachsenen, so kann dies in Gewaltbereitschaft ausarten. Kinder brauchen also Grenzen. Die Art und Weise, wie diese Grenzen gesetzt werden, haben einen wichtigen Einfluss auf das Verhalten des Kindes. Ein sehr autoritärer, strafender Erziehungsstil kann genauso Aggressionen auslösen (s. a. „Strafen haben Nebenwirkungen“, Seite 161) wie auch ein zu lascher Erziehungsstil.

Der Zusammenhang zwischen Erziehungsstil und kindlicher Aggression

Soziologen und Anthropologen haben sich mit menschlichen Aggressionen ebenso auseinandergesetzt wie Verhaltensforscher. Völkervergleichende Untersuchungen haben gezeigt, dass Aggressionen in jeder Gesellschaft auftreten, also angeboren sind. Durch den jeweiligen Lebensstil einer Gesellschaft werden sie aber entweder friedlich und konstruktiv ausgelebt oder gezielt kämpferisch zu einer Jäger- und Kriegerhaltung gelenkt.

Es gibt Naturvölker, die auf jedes striktere Eingreifen in der Erziehung – also auf Strafe und Gewalt – verzichten und ihre Kinder gemeinsam und friedlich in einer Großfamilie erziehen. Diese Kinder sind freundlich im Umgang miteinander und reagieren Fremden gegenüber neugierig, man kennt bei ihnen nicht einmal eine Trotzhaltung. Andere Stämme dagegen (oft nur wenige Hundert Kilometer voneinander entfernt) provozieren ihre Kinder – besonders die Jungen – ab Kindergartenalter zu gewalttätigen Ausbrüchen, damit sie sich später zu schmerzresistenten und zugleich aggressiven Persönlichkeiten – zu guten Jägern und Kriegern für diesen Stamm – entwickeln.

Die Aggressionsformen werden folglich als Mischung aus angeborenem und anerzogenem Verhalten gesehen. Muss sich die jeweilige Gesellschaft nach außen hin verteidigen, wird sie ihre Kinder kriegerischer erziehen. Wenn sie friedlich leben kann, wird sie es sich auch leisten können, ihre Kinder friedlich zu erziehen.

Auch in unserer modernen Industriegesellschaft besteht ein enger Zusammenhang zwischen Erziehungsstil, Art der Eltern-Kind-Beziehung und Wertung und Einstellung zur Familie. Es spielt also durchaus eine wesentliche Rolle, wo ein Kind aufwächst – ob in einer Kleinfamilie auf einem Dorf in homogener Umgebung oder in der Hochhaussiedlung einer Großstadt mit einer alleinerziehenden Mutter.

FAZIT:

Aggressionen haben immer einen Grund
Hinter den Aggressionen stehen meist Frustrationen als Folge zufälliger Ereignisse oder sachlicher Notwendigkeiten oder Frustrationen wegen persönlicher Ablehnung durch die Eltern. Auslöser für Aggressionen und Ängste sind auch Gefühle wie Wut und Ärger oder die Unfähigkeit, sich selbst annehmen zu können. Aggressionen sind angeboren und werden durch die jeweilige Gesellschaft oder Erziehungshaltung mit geprägt.

Ursachen der kindlichen Aggressionen

Die verschiedenen Ursachen, die verantwortlich sein können, dass sich kindliche Aggressionen verfestigen, sind das Thema des folgenden Kapitels.

Das Erziehungsverhalten der Eltern

Das Kleinkind lernt in den ersten drei Lebensjahren durch Beobachten und Nachahmen die sozialen Verhaltensweisen, die in seiner Familie vorgelebt werden. Die Eltern können dabei ein günstiges oder eher ungünstiges Vorbild sein, ihrem Kind eine sichere oder unsichere Bindung ermöglichen. Eine sichere, liebevolle Bindung im ersten Lebensjahr ist eine sicheres Fundament für das spätere Selbstbewusstsein eines Menschen. Es kommt entscheidend darauf an, mit welchen Erziehungsmaßnahmen – dazu gehören auch die Wortwahl und der Tonfall der Stimme – dem Kind die familiären Spielregeln nahegebracht werden. Das Kind kann sich durch die Liebe der Eltern angenommen und bestätigt fühlen oder sich durch ihre Reaktionen abgeschoben und abgelehnt fühlen. Dies gilt vor allem, wenn sie schnell gereizt reagieren und das Kind häufig anschreien. Ebenso schädlich ist es, Macht über das Kind auszuüben und sich inkonsequent zu verhalten (also mal verwöhnend, mal strafend). Hat ein Kind Eltern, die sich wenig um seine Bedürfnisse kümmern, das Kind gar als lästig empfinden oder es ablehnen, so macht es frühzeitig schmerzliche Erfahrungen. Diese Erfahrungen zwingen es geradezu, sich mittels bestimmter Verhaltensweisen (Schreibabys) vor allzu großer Kränkung zu schützen. Das kann sich in aggressiv-störendem oder ängstlich-passivem Verhalten zeigen. Eltern erkennen dieses Signal häufig nicht und meinen, das alles doch gar nicht so schlimm sei. Werden diese derart gedemütigten Kinder auch noch körperlich bestraft, so werden sie irgendwann damit beginnen, den Druck an andere weiterzugeben. Häufig tritt dieses Verhalten das erste Mal auf, wenn sie in den Kindergarten kommen. So können Aggressionen bei Dreijährigen schon recht stabil sein. Bemühen sich dagegen die Eltern, den täglichen Frust, die Enttäuschungen ihres Kindes zu erkennen, versuchen sie, dem Kind die Notwendigkeit gewisser Regeln zu erklären und empfindsam auf seine Gefühle einzugehen, helfen sie ihm dabei, in dieser Lebens- und Lernphase eine gewisse Frustrationstoleranz aufzubauen. Durch Ermutigung und Anerkennung und stete Bestätigung seines Könnens wird die Persönlichkeit des Kindes gestärkt und seine Fähigkeit gefördert, den Alltagsärger gelassener hinzunehmen.

Auch überbehütende Eltern, die ihrem Kind alles erlauben und jedes Verhalten durchgehen lassen, werden überrascht sein, dass ihre Kinder irgendwann durch aggressives Verhaltensweisen auffallen. Diese Kinder fordern ihre Eltern heraus, um endlich ernst genommen zu werden, um endlich Grenzen zu spüren. Die Forderungen verwöhnter Kinder können buchstäblich grenzenlos werden.

Strenger Erziehungsstil

Beispiel: Alexandra als Puppenmutter

Alexandra, vier Jahre alt, geht seit einem Jahr in den Kindergarten. Sie ist Einzelkind und macht der Erzieherin Sorgen, weil sie immer wieder durch aggressive Spielszenen auffällt. Von der Kindergruppe zieht sie sich zurück und hält sich lieber in der Puppenecke auf. Hier spielt sie engagiert immer wieder „Mutter und Kind". Der ganze häusliche Tagesablauf wird dargestellt: vom morgendlichen Aufstehen über das Mittagessen bis zum Zubettgehen. Dabei fällt der Betreuerin auf, dass Alexandra als Puppenmutter sehr ungeduldig und gereizt mit ihrem Kind umgeht. Sie schimpft die Puppe mit lauter Stimme aus, hebt das Röckchen der Puppe hoch und gibt ihr immer wieder einen Klaps auf den Po. Wenn ein anderes Kind mit Alexandra mal die Paparolle spielen möchte oder die Puppe haben will, wird Alexandra wütend. Sie reißt die Puppe an sich und schreit das andere Kind mit verzerrtem Gesicht an. Sie beruhigt sich erst wieder, wenn sie allein in der Spielecke ist. Sie will nicht mit anderen Kindern spielen.

Die Erzieherin überlegt, die Mutter anzusprechen, möchte Alexandra vorher aber noch weiter beobachten. Zusammen mit den Kindern der Gruppe bemüht sie sich immer wieder, Alexandra vor Augen zu führen, wie schön es ist, friedlich miteinander zu spielen. Eines Tages beobachtet die Erzieherin, wie Alexandra von ihrer Mutter abgeholt wird.

Statt ihre Kleine lieb zu begrüßen, überfällt sie sie mit den Worten: „Mein Gott, wie siehst du wieder aus! Geh sofort deine Hände waschen." Alexandra weigert sich und möchte sich lieber gleich anziehen. Da wird die Mutter ärgerlich und gibt ihr einen Klaps auf den Po. Weinend läuft Alexandra zum Händewaschen und verlässt dann immer noch weinend mit ihrer Mutter den Kindergarten.

In diesem Beispiel bat die Kindergartenleitung um eine Supervision, die Erzieherin wurde ermutigt zusammen mit der Leitung mit der Mutter einfühlsam zu sprechen, um diese zu überzeugen therapeutische Hilfe für sich und ihr Kind in Anspruch zu nehmen. Zur Entlastung der Mutter wurde ein soziales Netzwerk aufgebaut. Nach einem halben Jahr war Alexandra unauffällig in ihrem Verhalten und konnte sich wieder in die Kindergruppe einfügen.

Die Vorbildfunktion der Eltern

Die aggressiven Reaktionen Alexandras, ihre Mimik und Gestik, ihre Art zu sprechen und der Puppe Klapse zu geben, spiegeln das Verhalten der gereizten Mutter wider. Kinder lernen in den ersten Lebensjahren überwiegend aus Beobachtung. Ganz offensichtlich hat es Alexandra erlebt, dass ihre Mutter ungeduldig wird, sie anschreit oder ihr einen Klaps gibt. Das Mädchen kennt kaum andere Verhaltensweisen und lebt diese im Rollenspiel immer wieder aus.

Natürlich ahmen Kinder nicht nur ihre Eltern nach, sondern auch Geschwister und Spielkameraden. Sie beobachten durchaus gerade in Kindergruppen das Verhalten anderer. Je jünger ein Kind ist, desto stärker wird es durch das elterliche Verhalten geprägt. Werden dem Kind aggressive Verhaltensweisen vorgelebt, wird auch der Partner angeschrien oder kommt es gar zu Handgreiflichkeiten, dann hat das Kind ein sehr schlechtes Vorbild. Wie soll es friedliche soziale Verhaltensweisen lernen, wenn seine Eltern es nicht schaffen, ein positives Vorbild zu sein? Eine unterdrückende und strenge oder gar körperlich züchtigende Erziehungshaltung fördert aggressives Verhalten. Überforderte Eltern sollten lieber rechtzeitig Hilfe in Anspruch nehmen, ehe das Kind verhaltensauffällig wird.

Verwöhnende Erziehung

Vielleicht gehören Sie zu der Generation Eltern, die sich vorgenommen hat, bei ihrem Kind alles besser zu machen? Besonders Eltern, die als Kinder wenig Liebe oder viel Strenge erfahren haben, sind bemüht, ihrem Kind viel Liebe und Verständnis entgegenzubringen. Sie wollen sich ganz auf das Kind einstellen, ihm reichlich Körperkontakt geben, ihm ausreichend Freiraum lassen. Sie wollen ihm nichts aufzwingen. Es soll möglichst nicht schreien oder um seine Bedürfnisse kämpfen müssen. Doch immer dem Willen des Kindes nachgeben bedeutet das Kind verwöhnen, dabei braucht es ebenso Halt und Grenzen. Gerade kritische Situationen wie Essen und Zubettgehen können zu Konflikten führen. Essen und Schlafen sind ja lebensnotwendig, und wenn Kinder in diesem Bereich plötzlich Schwierigkeiten machen, werden Eltern an ihrem empfindlichsten Nerv getroffen. Das folgende Beispiel wird zeigen, wie besonders geduldige Eltern durch das Essverhalten ihrer Tochter an den Rand der Verzweiflung getrieben wurden.

Übertriebene Fürsorge

Beispiel: Daniela will nicht essen
Angefangen hat alles mit einem Dreitagefieber, als Daniela neun Monate alt war. Sie konnte die drei Tage kaum etwas essen. Die Mutter legte sie alle ein bis zwei Stunden an die Brust und gab ihr zusätzlich Tee zu trinken. Als das Kind wieder gesund war, wollte die Mutter der Kleinen wie immer nach der Brustmahlzeit noch einen Brei geben. Doch diesmal schob Daniela die Hand der Mutter heftig weg und spuckte den Brei wieder aus. Da ihre Kleine während der Krankheit stark abgenommen hatte, machte sich die Mutter große Sorgen und bot ihr immer wieder die verschiedensten Breivarianten an. Aber jedes Mal kniff Daniela den Mund zu, schüttelte den Kopf und schob den Löffel wieder weg. Auch Oma und Opa, bei denen sie sich sonst durch einen Riesenappetit hervortat, konnten sie nicht zum Essen überreden.

Als der Opa sich abends einen Wurstsalat herrichtete, machte Daniela große Augen und deutete mit der Hand auf die Wurst. Ihre Mama schüttelte den Kopf: „Nein, das ist viel zu scharf und zu sauer für dich." Daniela war anderer Meinung. Sie zeigte immer energischer auf den Wurstsalat und fing an zu brüllen. Daraufhin meinte der Opa: „Ach, das kann ihr schon nicht schaden" und gab ihr die Wurstscheiben in die Hand, die sie dann auch lachend in den Mund stopfte und aß. Am nächsten Tag war es wieder wie vorher: Alles, was die Mutter der Kleinen zum Essen anbot, lehnte sie energisch ab. Der Vater kam extra eher von der Arbeit nach Hause und versuchte ebenfalls, Daniela zum Essen zu überreden. Ohne Erfolg. Das Einzige, was Daniela zu sich nahm, war mal eine Banane oder ein Stück von einem trockenen Brötchen.

Zwei Tage später gingen die Eltern zum Kinderarzt. Dieser stellte fest, dass Daniela leicht untergewichtig sei, sie müsse so bald wie möglich wieder richtig essen. Er riet der verzweifelten Mutter, ihr Kind wieder öfter zu stillen. Aber auch das klappte nicht so recht – Daniela trank nur wenig. Sie wollte lieber das haben, was die Erwachsenen aßen. Sie zeigte energisch auf Wurst und Obst und anderes, was auf dem Tisch stand. Die Mutter meinte, Daniela sei noch zu klein für diese Kost, und versuchte es wieder mit einem Löffel Brei. Doch den wollte Daniela nicht, sie fing an zu brüllen, ballte die Fäuste und warf ihr Tellerchen auf den Boden. Die Mutter war verzweifelt: „Daniela muss doch etwas Vernünftiges zu sich nehmen." Alles drehte sich jetzt nur noch um Danielas Essverhalten. Sie stand absolut im Mittelpunkt.

Daniela zeigt ganz massiv passiven Widerstand und erlebt, dass sie damit ihre Eltern und Großeltern sehr gut lenken kann. Vor lauter Fürsorge hatte niemand daran gedacht, nach der Ursache für diese Essensverweigerung zu forschen. Dabei war es ganz offensichtlich: Schuld war die übertriebene Fürsorglichkeit. Daniela wurde den ganzen Tag mit Löffelchen und Breichen konfrontiert, die sie immer wieder erfolgreich ablehnte. Das Kind saß bis zu einer Stunde in seinem Hochstuhl, bis es so verzweifelt weinte, dass die Mutter es schließlich herausnahm.

In einem Elterngespräch stellte sich heraus, dass Mutter und Vater als Kinder schlechte und sehr heikle Esser gewesen waren und auch ihre Eltern sich damals Sorgen um das Gewicht ihrer Kinder gemacht hatten.

Die weitere Befragung ergab, dass Daniela bisher nie gemeinsam mit den Eltern essen durfte. Immer war sie extra gefüttert worden. Vor lauter Sorge hatte die Mutter keine Zeit mehr gefunden, mit dem Kind zu spielen oder zu schmusen. Wichtig war nur noch eines: „Das Kind muss zunehmen, das Kind muss essen." So wurde die Essenssituation für alle Beteiligten zu einem belastenden Ereignis. Was blieb Daniela anderes übrig, als durch ihre Weigerung zu zeigen, dass ihr das Essen so keinen Spaß machte. Sie wollte das essen, was auch Mama und Papa aßen.

In einer Therapie lernten die Eltern: Daniela darf selbstständig essen und allein aus einem Becher trinken. Begeistert wählte die Kleine nun aus und nahm sich Wurst, eine Scheibe Brot oder Obst vom Teller. Daniela mochte einfach keinen Brei mehr, sie wollte etwas Festes kauen. Da sie sich noch nicht sprachlich ausdrücken konnte, blieb ihr nur der passive Widerstand, um auf sich aufmerksam zu machen. Nur wurde daraus leider ein Machtkampf zwischen Mutter und Kind, und damit wurde die Situation immer verfahrener.

Die Eltern lernten in der Therapie auch, ihrer Tochter Grenzen zu setzen. Wenn sie z. B. ihren Becher oder den Löffel wegwarf, wurde ihr freundlich, aber bestimmt die Hand festgehalten. Mutter oder Vater fragten: „Hast du noch Hunger? Hast du noch Durst?“. Und wenn Daniela darauf nicht reagierte, wurden Teller oder der Becher kurz weggenommen, um an ihrer Reaktion zu sehen, ob sie noch etwas essen wollte. War sie satt, dann durfte sie sofort aus ihrem Hochstuhl heraus. Als die Eltern mit Daniela in die Therapie kamen, war das Kind bereits 18 Monate alt und verstand sehr wohl zu zeigen, was es wollte. Sie war allerdings noch sehr sprechfaul – kein Wunder, sie brauchte ja nur einen Wunsch anzudeuten, und schon sprangen Eltern oder Großeltern, um ihn zu erfüllen.

In diesem Beispiel zeigen die Eltern eine zu einseitige, fürsorgliche Verhaltensweise, die letztlich an den wirklichen Bedürfnissen eines Krabbelkindes vorbeigeht. Die Eltern sahen in Daniela immer noch ein hilfloses Baby. Sie versäumten es, ihr zu helfen, selbstständiger zu werden, hemmten sie sogar in ihrer Entwicklung. Das wiederum löste bei Daniela heftige Aggressionen hervor, die sie vor allem bei den Esssituationen auslebte.

Sowohl zu strenges elterliches Verhalten als auch überfürsorgliches elterliches Verhalten kann kindliche Aggressionen hervorrufen. Eine zu verwöhnende Erziehung (darunter versteht man im ungünstigen Fall, dass dem Kind jeder Wunsch erfüllt wird, dass es nur zu deuten oder einen unwilligen Laut von sich zu geben braucht), macht Kinder letztendlich unzufrieden: Sie lernen, dass sie immer und überall alles bekommen. Wenn sie sich dann später in eine Kinderspielgruppe oder ab dem dritten Lebensjahr in eine Kindergruppe einfügen sollen, wird es ihnen sehr schwer fallen, abzuwarten oder zu teilen. Sie werden versuchen, sich über aggressive Verhaltensweisen durchzusetzen. Denn bisher waren sie es ja immer so gewohnt, dass sich alles nach ihrem Willen richtete.

Es gibt aber noch weitere Auslöser für aggressives Verhalten.

Geschwisterstreit – Geschwisterneid

Leben mehrere Kinder in einer Familie als Geschwister oder später in einer Spielgruppe zusammen, so erlebt man immer wieder, dass Kinder sich gern ein kleineres, schwächeres Opfer aussuchen, an dem sie ihren Mut oder ihre Macht ausprobieren.

Geschlechtsspezifische Unterschiede bei kindlichen Aggressionen

Bei Streitereien unter Kindern kann man deutliche Unterschiede zwischen Jungen und Mädchen feststellen. Jungen dürfen sich auch heute noch in der Regel aggressiver verhalten als Mädchen. Es gibt aber auch physische Ursachen für die höhere Aggressionsbereitschaft von Jungen: Sie haben tatsächlich einen höheren Adrenalinausstoß, wenn sie sich aufregen, so dass sie sich schneller körperlich abreagieren. Schubsen, Rangeln, ein Bein stellen oder Raufen gehören zu Jungengruppen einfach dazu. Solange noch eine gewisse Fairness erkennbar ist und solange der Angreifer auch wieder loslässt und das andere Kind nicht allzu sehr traktiert, handelt es sich um ganz normale kindliche Aggressionen. Sie dienen – wie weiter oben schon ausgeführt – auch dazu, Kontakt aufzunehmen oder seine Macht auszuprobieren. Temperamentvollere Jungen übernehmen gern die Führung und stacheln andere Buben auf, bei Streichen mitzumachen. Es gibt immer noch Eltern, und vor allem Väter, die ihre Söhne ermutigen: „Hau nur drauf, lass dir nichts gefallen, wehr dich.“

Die Mädchen halten sich mit ihren Aggressionen eher zurück. Sie zupfen sich an den Haaren oder nehmen einander Spielsachen weg und schubsen sich vielleicht. Sie können durchaus verbal aggressiv werden und sich damit durchsetzen. Da Mädchen eher ermutigt werden, ihre Gefühle zu zeigen, reagieren sie mehr mit Weinen oder Schmollen. Tränen sind bei Jungen dagegen ab einem bestimmten Alter verpönt. Obwohl sich viele Eltern und Erzieherinnen heute bemühen, die Geschlechterrollen nicht durch die Erziehung zu verstärken, erlebt man doch immer wieder, dass Jungen anders behandelt werden als Mädchen. Die gesellschaftliche Erwartungshaltung ist nach wie vor, dass sich der Junge tatkräftig durchsetzt und das Mädchen letztlich das einfühlsamere Verhalten zeigen soll, also die Klügere ist und nachgibt. Diese Einstellung prägt auch den Umgang mit den kindlichen Aggressionen.

Interessant ist, dass Väter sich kaum mehr an ihre Kleinkindzeit erinnern können und deshalb oft auch weniger Verständnis dafür haben, wenn ihr Sohn Mitgefühl zeigt oder zum Weinen neigt. Frauen dagegen erinnern sich häufig noch an Trost und Mitgefühl in ihrer Kindheit und sind auch bereit, dies an ihre Kinder – vor allem an die Töchter – weiterzugeben.

Die Geschwisterkonstellation und die Erziehungshaltung gegenüber Geschwistern

Geschwister sind letztlich immer Konkurrenten, wenn es um die Liebe der Eltern geht. Jedes Kind findet seine Stellung in der Familie. Wie Geschwister miteinander umgehen, hängt auch davon ab, ob das Erstgeborene ein Junge oder ein Mädchen ist. Entscheidend ist ohne Frage auch der Altersabstand zwischen den Kindern und ob es sich um gleichgeschlechtliche Geschwister oder ein Pärchen handelt. Das ältere Geschwisterkind wird sich häufiger über das jüngere ärgern, wenn es sich in seinem Spiel gestört fühlt. Wenn das Kleine ihm gar Spielsachen kaputtmacht, kann es passieren, dass es in seiner Wut das Kleinere anschreit, wegschubst oder schlägt. Diese kindlichen Aggressionen sind ganz normal und dienen dazu, sich durchzusetzen.

TIPP: Zeigen Sie Ihrem älteren Kind, wie es sich wehren kann, ohne zu schlagen. Sagen Sie ihm, dass es das Recht hat auf ein ruhiges Spiel und nicht immer das jüngere Geschwister mit einbeziehen muss. Wenn das Zweitgeborene noch zu klein ist, um dies zu verstehen, sollten die Eltern sich auch mit dem Jüngeren beschäftigen, damit das ältere Kind ungestört spielen kann. Dies ermöglicht es Geschwistern, allmählich zu lernen aufeinander Rücksicht zu nehmen und ihre Aggressionen eher konstruktiv auszuleben.

Je älter Geschwister werden, desto wahrscheinlicher werden sie sich verbal angreifen, um ihre Wut oder Eifersucht abzureagieren. Worte können durchaus ein Ventil sein, sie können aber auch gezielt beleidigen oder verletzen. Deshalb sollten Sie Ihren Kindern beibringen, dass es auch hier Grenzen gibt, dass es Ausdrücke gibt, die tabu sind. Gängige Schimpfwörter wie „Du blöde Kuh!“ oder „Du Arschloch!“ werden sich nicht vermeiden lassen. Sind sie dem Kleinkindalter entwachsen und sprachlich gewandter, lernen Kinder schnell, ihre Wut und ihren Ärger direkt mitzuteilen, beispielsweise mit: „Lass mich in Ruhe“, „Ich will alleine spielen“, Du ärgerst mich“, „Du störst mich“. Ein Kind sollte beizeiten verstehen, die Gefühle zu beschreiben, die hinter seiner Wut oder Eifersucht stecken. Es darf sein Gefühl ruhig mal rausschreien, nur sollte es lernen, diese Gefühle auszusprechen.

Die Situation des Erstgeborenen

Eine typische Streitsituation, wie sie vor allem von den Erstgeborenen ausgelöst wird, dreht sich ums Essen: Der sogenannte Futterneid des Erstgeborenen kann viele Jahre lang anhalten. Das Kind hat ständig das Gefühl, dass das andere Geschwisterkind das größere Stück Fleisch bekommt oder den schöneren Apfel oder mehr Schokolade. Je nach Temperament und Alter kann das immer wieder ein Auslöser für kindliche Aggressionen sein. Für die Eltern ist es dann oft schwierig, sich aus diesen ganz normalen Geschwisterstreitereien herauszuhalten. Je mehr Sie sich einmischen – oder gar nach einem Schuldigen suchen –, um so stärker werden die Aggressionen. Der eigene Erziehungsanspruch, alle Kinder gleich zu behandeln und allen gleich viel zu geben, lässt sich in der Praxis nicht immer durchhalten. Jedes Kind ist eine Persönlichkeit, jedes Kind ist anders in seinem Temperament. Auch Eltern reagieren unterschiedlich, auch abhängig vom Wesen ihres Kindes. Wenn ein Kind liebevoll und nachgiebig ist, während das andere bei jeder Kleinigkeit eifert, kann die Reaktion darauf nicht gleich sein. Oft bekommt das ältere Kind zu hören: „Jetzt führ dich doch nicht so auf. Du bist doch schon viel größer. Du musst doch der Klügere sein." Doch gerade diese Sätze können das Erstgeborene noch mehr darin bestätigen, dass die Eltern die Schwester oder den Bruder lieber haben.

Beispiel: Streitereien unter Geschwistern
Ferdinand, sechs Jahre, und Cornelia, drei Jahre, sitzen beim Mittagstisch. Beide essen mit Appetit ihre Spaghetti. Plötzlich schreit Cornelia auf. Ferdinand ist auf seinem Stuhl immer weiter vorgerückt und hat Cornelia mit seiner Fußspitze getreten. Als die Mutter ihn ermahnt, fängt dieser an zu maulen: „Immer bin ich der Böse. Du magst mich eben nicht. Du hast die Cornelia viel lieber." Die Mutter ist ziemlich überrascht über diesen Eifersuchtsausbruch ihres Sohnes und ärgerlich, dass er ausgerechnet beim Mittagstisch wieder

anfängt, seine Schwester zu schikanieren. Ein paar Gabeln lang verhält er sich ruhig, doch dann beginnt das ganze Spiel von neuem. Cornelia ist nun richtig sauer und wirft den Löffel nach Ferdinand. Jetzt wird es der Mutter zu bunt, sie packt Ferdinand und schickt ihn aus der Küche. Der schmeißt daraufhin demonstrativ die Tür zu und schreit: „Du blöde Kuh". Die Mutter läuft ihm nach und schimpft ihn aus. Wieder mal hat das Mittagessen mit einem Streit geendet. Die Mutter weiß sich bald nicht mehr zu helfen, nachdem Cornelia auch noch brüllt: „Lass den Ferdinand in Ruhe. Das ist mein Bruder." Jetzt versteht die Mutter die Welt nicht mehr.

TIPP: Achten Sie darauf, dass sich bei Streitereien unter Geschwistern die Rollen nicht verfestigen. Allzu oft sind es die Älteren, die nachgeben und vernünftig sein müssen.

Geschwister: Jedes Kind hat seine Rechte

Typisch für Streitereien unter Geschwistern ist folgender Ablauf: Sobald ein Elternteil auftaucht, beginnt urplötzlich ein Streit unter den Kindern. Mutter oder Vater meinen, sie müssten eingreifen, und schon steht das Kind, das aggressiv war, im Mittelpunkt. Es wird zwar meist ausgeschimpft, aber immerhin bekommt es Zuwendung. Meist regeln die Kinder ihren Streit selber, vorausgesetzt, die Eltern mischen sich nicht ein oder verhalten sich neutral.

Erwarten Sie nicht von Ihren Kindern, dass sie immer lieb miteinander umgehen. Denn die unterschiedliche Stellung, die Kinder in der Familie einnehmen, hilft ihnen auch dabei, Durchsetzungsvermögen zu entwickeln. Und das werden sie brauchen, um sich später in ihrer sozialen Stellung behaupten zu können.

TIPP: Greifen Sie in Streite Ihrer Kinder nur ein, wenn es unbedingt sein muss, beispielsweise, wenn sie sich schlagen. Trennen Sie dann die Streithähne, ohne einen Schuldigen zu suchen. Kinder vertragen sich meist sehr schnell wieder, wenn die Eltern sich nicht einmischen und Partei ergreifen.

Auch sollten Eltern darauf achten, dass nicht immer dasselbe Kind die Schuld bekommt. Abhängig vom Alter sollte jedes Kind seine Freiheiten und seine Pflichten haben. Und alle müssen lernen, Rücksicht zu nehmen.

Das Einzelkind

Einzelkinder werden nicht so viele tagtägliche Einschränkungen erleben und müssen sich auch nicht die Liebe der Eltern teilen. Allerdings ist es für Einzelkinder nicht ganz einfach, sich in einer Kindergruppe einzuordnen. Gerade das Einzelkind sollte also frühzeitig Kontakt zu anderen Kindern bekommen, im Sandkasten, auf dem Spielplatz, in einer Kleinkindspielgruppe und – wenn es geht – auch rechtzeitig im Kindergarten. Das Einzelkind muss lernen, mit den Aggressionen der anderen umzugehen und sich zu wehren. Zu Hause ist es in der Regel unter Erwachsenen, die meist auf seine Wünsche eingehen. Ein Kind, das in einem großen Abstand zu seinen Geschwistern geboren wird, fühlt sich ähnlich wie ein Einzelkind. Als Nesthäkchen darf es sich meist viel erlauben; und viele Erwachsene kümmern sich um es.

Wenn ein Geschwisterchen kommt

Streitigkeiten unter Geschwistern treten am häufigsten auf, wenn der Altersabstand weniger als drei Jahre beträgt. Ist das Erstgeborene noch im Kleinkindalter, reagiert es sehr spontan und ist für logische Erklärungen nicht zugänglich.

Versuchen Sie sich als Eltern doch einmal in die Situation des Erstgeborenen hineinzuversetzen: Es würde Ihnen ja auch wenig Spaß machen, wenn Ihr Partner plötzlich eine zweite Frau oder einen zweiten Mann mit nach Hause bringt und Ihnen klar macht: „Liebling, du hast sicher nichts dagegen, wenn noch jemand in unsere Familie kommt. Du bist ja schon so groß und vernünftig und wirst gut zurechtkommen mit diesem neuen Familienmitglied." Das erstgeborene Kind muss nun tatsächlich einen beträchtlichen Anteil an Zuwendung an sein Schwesterchen oder Brüderchen abgeben. So kann beim Erstgeborenen durchaus chronischer Geschwisterneid entstehen, der häufig ein Leben lang anhält. Natürlich wollen die Eltern ihrem Großen genauso viel Liebe geben wie bisher, aber Liebe lässt sich nicht quantitativ gleich verteilen. Der Geschwisterstreit wird sich nicht vermeiden lassen.

Sicher spielt hier das elterliche Verhalten eine Rolle. So ist man z. B. als Mutter von zwei Kindern ganz anderen Belastungen ausgesetzt als als Mutter eines Einzelkindes. Das gilt vor allem dann, wenn der Altersunterschied sehr knapp ist und plötzlich zwei Wickelkinder zu versorgen sind. Häufig kommt es dann zu Überforderung; man kann nicht beiden Kindern fortwährend mit der nötigen Gelassenheit begegnen.

Wenn sich das Ältere in einer sehr freundlichen, liebevollen und frustationsarmen Umgebung entwickeln konnte, besitzt es oft schon mit zwei bis drei Jahren genügend Selbstständigkeit und Selbstsicherheit, um dem Baby gegenüber der Mutter ein Stück weit den Vortritt zu überlassen. Hatte es vor der Geburt des Geschwisterchens schon Kontakt zu anderen älteren Kindern, wird es sich nun vermehrt in dieser Kindergruppe wohl fühlen. Es wird auch daran interessiert sein, bei der Babypflege mitzuwirken, sofern Sie es dabei ermutigen. Es darf den Winzling später, wenn er schon vom Löffel isst, füttern. So wird das Erstgeborene stolz darauf sein, schon so groß zu sein, dass es seiner Mama eine Hilfe ist.

Beispiel: Auszeit für die Mutter

Als Mutter sollten Sie auch auf sich achten und immer dafür sorgen, dass Sie Momente im Alltag finden, wo Sie sich zurückziehen und ausruhen können. Ich habe damals bei meinem erstgeborenen Sohn eine Eieruhr ins Spielzimmer gestellt und ihm gesagt, dass er mich wecken darf, wenn die Uhr nach zwanzig Minuten klingelt. Diese Ruhepause war ein tägliches Muss, das ich mir gönnte, um zu mir selbst zu kommen. Ich legte mich mit Ohropax in den Ohren in das Zimmer in dem Ferdinand spielte und das Baby wach war – entscheidend war, dass ich von den Wünschen der Kinder nicht beansprucht wurde. Für die Kinder war ich anwesend und konnte trotzdem körperlich entspannen.

Es gibt sehr gute Entspannungs-CDs, mit deren Hilfe diese tägliche Regeneration für den Körper, die Nerven und die Seele erlernt werden kann. Kleine Kinder können es durchaus verstehen und zeigen Mitgefühl, wenn Mami „schlafen" möchte. Die Zeitspanne wird für das Kind durch die Eieruhr nachvollziehbar.

TIPP: Achten Sie auch auf sich selbst und gönnen Sie sich Zeit für sich.

Das kindliche Umfeld

Die Ursachen kindlicher Aggressionen können sehr vielfältig sein. Sie signalisieren aber auch häufig eine Veränderung oder Krise im sozialen Umfeld des Kindes. Ein Umzug z. B. bringt das Kind aus einer vertrauten Situation in eine ihm völlig fremde Umgebung. Ein Großstadtkind hat oft zu wenig Platz, um sich auszutoben und sich frei zu bewegen. Immer mehr kleine Kinder müssen einen Elternteil entbehren, die Zahl der Alleinerziehenden wächst stetig an. Die Mutter ist wieder voll berufstätig, und das Kind muss den langen Tag ohne die (zerstrittenen) Eltern auskommen. All diese Faktoren können zu einer Verunsicherung führen. Und aus Verunsicherung und Überforderung entstehen auch kindliche Aggressionen.

Trennung der Eltern

Gerade familiäre Veränderungen, wie der Verlust eines Elternteils z. B. durch Trennung, lassen Kinder sehr sensibel reagieren. Sie können mit der neuen Situation schlecht umgehen, weil sie die Eltern bisher immer als zusammengehörig wahrgenommen haben. Sie erleben vielleicht, wie ihre Eltern heftig streiten. Ein Elternteil ist plötzlich sehr viel weg, der andere traurig. Die Eltern haben für das Kind einen ganz hohen Stellenwert. In den Augen eines Kleinkindes sind die Eltern sogar vollkommen. Sie sind das Allerwichtigste in seinem Leben. Fehlt ein Elternteil, dann fehlt ihm auch ein Stück Halt. Das Kind kann dann durchaus auf den Elternteil, der in seinen Augen vielleicht der Böse ist, weil er zu oft weg ist, aggressiv reagieren. Das Kind richtet seine Aggressionen dann auch häufig gegen sich selbst. Es fühlt sich allein gelassen und hilflos, da sich die Eltern in einer solchen Umbruchsituation zwangsläufig viel mit sich selbst beschäftigen. Da es die Situation nicht ändern kann, ja, sein Einfluss darauf sehr begrenzt ist, wird es sich in solch einer schwierigen familiären Phase vermehrt über aggressives Verhalten abreagieren.

Beispiel: Verlustangst bei Marco

Bei Marco, vier Jahre alt, richteten sich die Wut und Enttäuschung über die familiäre Situation gegen sich selbst: Der Vater war überraschend ausgezogen, und Marco erlebte seine Mutter wochenlang sehr traurig und ernst. Sie telefonierte sehr viel und hatte kaum mehr Zeit für ihn. Er begann, sich wieder einzunässen, dabei war er schon trocken gewesen. Und nachts schreckte er immer wieder auf und rief nach seiner Mutter. Die verstand zwar, dass Marcos Verhalten im Zusammenhang mit dem Auszug des Vaters stand, aber sie war auch verärgert darüber, dass sie jede Nacht gestört wurde und Marcos Bett morgens nass war. Von Mitgefühl bis hin zu Schimpfen erlebte Marco sehr unterschiedliche mütterliche Verhaltensweisen. Er fing an, so stark an seinen Nägeln zu knabbern, dass die Nagelhaut blutete. Als er begann, sich Haare auszureißen und in den

Unterarm zu beißen, war die Mutter endlich durch sein auto-agressives Verhalten alarmiert und ging mit Marco ihm zum Kinderarzt, der sofort eine Therapie für Mutter und Kind einleitete. Leider ist man als betroffener Elternteil schon mal „betriebsblind", wenn das Kind die ersten Auffälligkeiten zeigt.

Als Einzelkind konnte Marco seine Angst und seine Unsicherheit, die sich als massive Spannung auch körperlich äußerten, nur noch über diese gegen sich selbst gerichteten aggressiven Handlungen abreagieren. In diesem Fall brauchen Mutter und Kind ganz dringend Hilfe von einem Therapeuten oder einer Familienberatung.

Die Eingewöhnung in den Kindergarten

Auch den Eintritt in den Kindergarten kann das Kleinkind als plötzlichen Wechsel seiner Lebensumwelt sehr belastend erleben. Die ersten Tage, die ersten Wochen wird es sehr behutsam in die neue Gruppe eingeführt: Die Mutter wird zunächst einmal bei ihrem Kind bleiben, bis es von sich aus das Signal gibt: „Ich kann schon ein paar Stunden allein ohne Mama sein." Doch oft kommt es vor, dass sich das Kind in der Gruppe zwar ganz gut anpasst, aber sobald es zu Hause ist, seine aufgestauten Spannungen in Aggressionen ablässt. Es ist übermüdet, überfordert von der großen Kindergruppe oder einfach hungrig und ruhebedürftig.

Eltern sollten Verständnis dafür haben, dass diese vier bis sechs Stunden in einer fremden Gruppe für das Kleinkind eine großartige Leistung bedeuten und durchaus auch anstrengend sind. Hinzu kommt, dass das Kind durch Beobachten und Nachahmen natürlich auch neue, zum Teil unerwünschte Verhaltensweisen zu Hause an den Eltern ausprobieren möchte. Fällt das Kind allerdings über mehrere Wochen durch verstärktes aggressives Verhalten auf, sollten Sie mit der Erzieherin sprechen.

Alarmierend wird es, wenn Ihr Liebling nicht mehr in den Kindergarten will oder gar passiven Widerstand leistet, indem es über Bauchweh oder Schlechtsein klagt. Vielleicht ist Ihr Kind doch noch zu klein für den Kindergarten. Dann ist es richtiger, es noch ein paar Wochen zu Hause zu lassen und zu warten, bis es etwas reifer ist.

Die Geburt eines Geschwisterkindes ist ein denkbar ungünstiger Zeitpunkt für das Erstgeborene, sich im Kindergarten einzugewöhnen. Es sollten schon ein paar Wochen oder Monate dazwischen liegen, bis das Kind sich an die neue Familiensituation gewöhnt hat. Vielleicht ist ja auch ein Eintritt rechtzeitig vor der Geburt möglich.

FAZIT:

Kinder brauchen Zeit für Veränderungen

Es gibt Lebensumstellungen, die Sie Ihrem Kind nicht ersparen können. Aber es gibt auch Umstellungen, die sich hinauszögern lassen und somit dem Kind mehr Zeit lassen, sich auf eine neue Situation einzustellen. Generell gilt: Je kleiner das Kind, desto sorgfältiger und rechtzeitiger sollte es auf Veränderungen vorbereitet werden. Ob es sich um die Geburt eines Geschwisterkindes handelt, um einen Umzug, um die Trennung von einem Elternteil, um eine neue Bezugsperson – z. B. eine Tagesmutter oder einen Babysitter – oder um den Eintritt in den Kindergarten: Beginnen Sie schon Wochen vorher. Sprechen Sie mit Ihrem Kind darüber, schauen Sie Bilder an ... Bereiten Sie Ihr Kind behutsam und wiederholt darauf vor, dass es in seinem Leben bald eine große Umstellung geben wird.

Fernsehen: Aggressionsschule für Kleinkinder?

Das Fernsehen ersetzt in vielen Familien den Babysitter, die Hobbys, die Freizeit und die Spielstunden. Es ist so bequem, quengelige Kinder vor den Flimmerkasten zu setzen. Es ist gestressten Eltern nicht zu verdenken, dass sie sich auf diese Art eine ruhige halbe Stunde verschaffen oder einfach in Ruhe einer Tätigkeit nachgehen wollen. Doch leider sitzen viele Kleinkinder viel zu lange vor dem Fernseher. Eigentlich sollten Kinder bis zum Alter von vier Jahren überhaupt nicht fernsehen, weil sie bewegte Bilder noch nicht richtig verarbeiten können. In der Praxis lässt sich das freilich meist nicht realisieren.

Es schadet Kleinkindern, wenn sie länger als 30 Minuten täglich fernsehen. Dennoch sitzen schon viele drei- bis vierjährige Kinder 60 Minuten und länger täglich vor der Flimmerkiste. Zu bedenken ist auch, dass gerade Zeichentrickfilme immer wieder aggressive Handlungen zeigen. Das Kleinkind kann aber noch nicht zwischen Spielwelt und Realität unterscheiden. So bezeichnet es z. B. den Tisch, an dem es sich gestoßen hat, als „böse".

Alles, was es sieht, wird es mitfühlen und als Wirklichkeit erleben. Schon Kleinkinder müssen nach bestimmten Filmen ihre Emotionen ausagieren: Sie ahmen teilweise schon einen Helden, eine Modellfigur nach – auch in seinen aggressiven Aktionen. Erzieherinnen können ein Lied von dem berühmten Montagssyndrom singen: Die Kinder haben am Wochenende zu viel ferngesehen und sich zu wenig bewegt und müssen das Erlebte (Kinder sehen Filme nicht einfach, sie erleben sie) erst mal in aggressiven Rollenspielen abreagieren. Andererseits: Ein Kind, das tagtäglich fernsieht, dazu vielleicht selber schon viele Frustrationen erlebt hat und sich abgelehnt fühlt, kann aus aggressiven Szenen wieder Kraft und Mut schöpfen, wird aber von den anderen Kinder mit seinem Verhalten abgelehnt werden.

TIPP: Lassen Sie Ihr Kind nur ausgewählte Sendungen sehen.

Gehen Sie also kritisch mit dem Medium Fernsehen um. Schauen Sie sich gemeinsam eine Kindersendung an und entscheiden Sie, ob diese für Ihr Kind geeignet ist. Wichtig ist auch ein anschließendes Gespräch über das Gesehene und eine strikte Regeln, z. B. nur ein- bis zweimal die Woche eine bestimmte Sendung. Das bedeutet: Der Fernseher sollte nicht die Ersatzoma sein, und die Eltern sind gefordert, sich mit den Kindern zu beschäftigen.

Entwicklungspsychologische Erklärung: Das Wichtigste über kindliche Aggressionen

Aggressives Verhalten ist angeboren und gehört zur menschlichen Grundausstattung. Hinter jeder kindlichen Aggression stecken Gefühle und ein Grund, eine Ursache. Die kindliche Aggression als positiver Lebenstrieb drückt sich aus über die Neugierde und den Forschungsdrang. Das Kind entdeckt aber auch, wie es mithilfe von aggressivem Verhalten Macht ausüben kann, wie es Kontakt herstellen oder Kontakt abwehren, wie es den Eltern gegenüber Widerstand zeigen kann.

Sind aber Angst, Unsicherheit und Frustration der Auslöser, dann sollten Sie versuchen, herauszufinden, was die Ursache für das Verhalten ist. Sonst können Aggressionen so heftig werden, dass sie destruktiv ausgelebt werden müssen. Einerseits können aggressive Verhaltensweisen konstruktiv ausgelebt werden, im Sinne von sich durchsetzen, andererseits können sie aber auch schädigen und zerstörerisch wirken, wenn sie sich gegen die eigene Person richten. Fallweise verursachen sie aggressiven Widerstand bis hin zu psychosomatischen Erkrankungen.

Ob das aggressive Verhalten eines Kindes noch als normale Entwicklung angesehen werden kann oder schon Grund zur Besorgnis ist, hängt von der Dauer, der Häufigkeit, der Anzahl der verschiedenen aggressiven Verhaltensweisen und dem Alter des Kindes ab. Am aggressivsten sind Kinder um das vierte Lebensjahr. Zwischen dem fünften und sechsten Lebensjahr haben sie gelernt, Gefühle und Bedürfnisse verbal auszudrücken und Affekte wie Wut, Ärger und Trauer konstruktiver auszuleben. Um das sechste Lebensjahr wird das Kind dann seelisch sehr stabil sein.

Sollte Ihr Kind aber auffällig werden durch gehäufte massivere aggressive Aktionen, dann scheuen Sie sich nicht, fachliche Hilfe – z. B. bei einer Erziehungsberatungsstelle – in Anspruch zu nehmen. Am Ende des Buches finden Sie Hinweise, wo Eltern Hilfe finden können (ab Seite 170).

Erziehungshilfen für Eltern

Sie haben in diesem Ratgeber viel über die emotionelle Entwicklung Ihres Kleinkindes erfahren, über den Trotz und über die verschiedenen Formen der kindlichen Aggressionen.

> Vom elterlichen Verhalten hängt es ab, wie das Kind mit seinen Emotionen umgeht.

Das eigene Erziehungsverhalten überprüfen

„Wie soll ich mich verhalten, wenn ich ein tobendes, wütendes Kind vor mir habe oder ein Kind, das sich passiv zurückzieht oder eines, das sich gar selbst schädigt?" Sie haben sicherlich schon einiges versucht, um Ihr Kind wieder zu beruhigen oder es in seine Grenzen zu weisen. Sie haben es gebeten und ermahnt, ausgeschimpft und angebrüllt, festgehalten oder gar einen Klaps gegeben. Die eigenen Gefühle spielen dabei eine große Rolle, denn Verhalten und Gefühle stehen immer wieder in Wechselwirkung. Wenn Sie also den Eindruck haben, dass sich in Ihrem Erziehungsalltag einige Situationen zunehmend anspannen und es verstärkt zu Konflikten kommt, sollten Sie zunächst einmal sich selbst beobachten. Denn wie oft sagt man sich:

„Ich kann mir gar nicht erklären, warum mein Kind so ein Zornickel ist. Wir versuchen es doch immer wieder im Guten, von wem hat es das nur geerbt?“ Natürlich möchten Eltern nicht für das schwierige Verhalten ihres Kindes verantwortlich sein. Es geht hier auch nicht um Schuld oder Nichtschuld, sondern darum, die Zusammenhänge des Verhaltens besser zu erkennen. Nur wenn Sie die Zusammenhänge kennen, können Sie Ihrem Kind helfen. Freilich ist es viel einfacher zu sagen, was andere in der Erziehung ihrer Kinder falsch machen. Bei der Freundin oder der Nachbarin fällt einem durchaus auf, was nicht so gut läuft, und man wundert sich vielleicht darüber, dass die Nachbarin so schnell aus dem Häuschen gerät. Beim eigenen Kind nimmt man vergleichbare Situationen erst gar nicht wahr oder sieht sie durch die rosarote Brille. Wenn sich also in Ihrem Erziehungsalltag etwas verändern soll, wenn Sie z. B. möchten, dass sich Ihr Kind anders verhält, dann beginnen Sie doch mal damit, Ihre eigenen Verhaltensweisen zu überdenken.

Beobachten des Elternverhaltens

Sie können sich selbst fragen oder sich auch mit Ihrem Mann zusammensetzen und mal einen ganz normalen Erziehungsalltag durchsprechen: „Wie ist heute der Tag gelaufen? Wie war meine Stimmung, entspannt oder eher angespannt? Wie verhalte ich mich allgemein, wenn mein Kind mitmacht, wenn mein Kind folgt? Wie verhalte ich mich, wenn mein Kind sich rebellisch verhält? Wie wirke ich auf andere, wie sieht mich mein Partner?“

Eltern reagieren ja nicht wie Roboter, sondern in der Regel natürlich und spontan. Mutter und Vater handeln als eine Einheit und nicht nur aus dem Hier und Jetzt heraus. Und doch: Jeder hat eine eigene Entwicklungsgeschichte und bestimmte Erziehungseinstellungen von früher mit übernommen!

Lassen Sie tagsüber spaßeshalber mal eine Videokamera mitlaufen und sehen Sie sich am Abend mit Ihrem Mann zusammen die Aufzeichnungen an. Am Wochenende, wenn vielleicht Ihr Mann mehr die Erziehungsarbeit übernimmt, kann er dann seine Dialoge mit dem Kind aufnehmen. Sie werden überrascht sein, wie viel Sie reden, und werden erkennen, dass ein großer Teil der verbalen Zuwendung aus Auffordern, Ermahnen und Tadeln besteht. Gehen Sie mit diesen Beobachtungen humorvoll um, streiten Sie nicht, wer nun der bessere oder schlechtere Erzieher ist. Lassen Sie sich überraschen: Es ist sehr aufschlussreich, die Gespräche zwischen Eltern und Kind anzuhören und so das eigene Verhalten beurteilen zu können.

Hinter Ihrem elterlichen Verhalten stehen auch Gefühle, und Frust oder Ärger werden sich immer in Ihrem Tonfall oder Ihrer Wortwahl auswirken.

„Welchen Belastungen bin ich/sind wir zurzeit ausgesetzt?"
Diese Frage sollten Sie ganz ehrlich beantworten: „Gibt es Belastungen, die mich sehr schnell auf die Palme bringen?" Stehen Sie zu Ihrem Temperament – was Ihre Freundin noch lange nicht aus der Ruhe bringt, kann Sie sehr schnell nerven. Dafür sind Sie vielleicht in Bereichen toleranter, wo Ihre Freundin strenger reagiert. Wichtig ist nur, dass Sie sich selbst kennen lernen.

„Wie steht es mit meiner Frustrationstoleranz?"
Diese entscheidet letztlich, wie ich mit den tagtäglichen Erziehungskonflikten umgehe. Ob ich eher gelassen reagiere oder spontan Verbote ausspreche.

„Welche Erfahrungen habe ich als Kind gemacht?"
„Wurde ich angenommen und geliebt oder eher sehr streng erzogen?" „Was davon gebe ich weiter?" Alte Erfahrungen zeigen sich häufig in Konfliktsituationen. So haben Sie sich beispielsweise vorgenommen, Sie wollen Ihr Kind niemals anschreien, wie es vielleicht Ihre Mutter getan hat, oder Ihr Kind niemals hauen, wie es vielleicht Ihr Vater getan hat. Trotzdem stellen Sie fest, dass Sie durchaus in Erziehungskonflikte geraten können, die Sie *so* nerven und fertig machen, dass Sie letztlich doch anfangen zu schreien. Oder ist Ihnen schon mal die Hand ausgerutscht? Danach haben Sie womöglich Schuldgefühle oder sind enttäuscht darüber, dass Sie Ihre eigenen Erwartungen nicht erfüllen konnten.

Zu hohe Ansprüche an sich selbst können vor allem Mütter ganz schön unter Druck setzen. Wenn Sie dies erkannt haben, ist das schon der erste Schritt zur Veränderung. Doch gehen Sie noch einige Schritte weiter in der Selbstbefragung.

Welche Erziehungseinstellung habe ich?

Gehören wir zu den besorgten Eltern, die Angst um das Wohlergehen ihres Kindes haben? Oder sind wir eher der Ansicht, dass unser Kind viele Erfahrungen sammeln soll, damit es abgehärtet wird? Werden wir unser Kind an der langen Leine lassen oder wollen wir es noch ganz stark behüten?

> Zu große Fürsorge der Eltern kann ein Kind einengen, und gegen dieses Einengen wird es sich wehren.

Strafender Erziehungsstil

Wenn Eltern immer alles besser wissen, können sie den Willen eines Kindes auch regelrecht unterdrücken. Geht die Erziehungseinstellung eher in Richtung „Ein Kind muss immer gehorchen, ein Kind soll nicht widersprechen", dann kann es passieren, dass der Trotz und die Rebellion eines Kindes die Eltern verärgern wird. Sie werden bemüht sein, ihr Kind mit massivem Druck wieder in seine Grenzen zu weisen. – Druck erzeugt aber Gegendruck. – Es kann also sein, dass Ihr Kind vermehrt trotzt und zunehmend aggressiv reagiert. Der Trotz kann sich mit dieser starren Erziehungseinstellung weit über das dritte Lebensjahr hinaus festigen. Eltern, die der Ansicht sind, Strafe muss sein, werden häufiger nein sagen als andere Eltern und werden auch mehr Verbote aussprechen: Das Kind darf nicht fernsehen oder muss in seinem Zimmer bleiben, bis es sich wieder beruhigt hat. Oder das Kind bekommt eins auf den Po, wenn es etwas kaputtgemacht hat. Dieser strafende Erziehungsstil setzt zwar dem Kind klare Grenzen, lässt ihm jedoch kaum Entfaltungsmöglichkeiten. Vor allem aber nimmt er ihm die Chance, neues Verhalten kennen zu lernen. Nicht alle Kinder reagieren mit erhöhter Aggressionsbereitschaft, manche ziehen sich auch sehr zurück oder werden ängstlich. Ich habe immer wieder in meiner Praxis Eltern mit der erschreckenden Einstellung erlebt: „Ich muss mich auf jeden Fall bei meinem Kind durchsetzen, sonst tanzt es mir auf dem Kopf herum. Ich muss der Sieger sein!" – und das bei einem zweijährigen Kind! Diese Einstellung ist höchst bedenklich und sehr einseitig, denn hier übersehen die Eltern die Gefühle oder Motive ihres Kindes. Andere Eltern verhalten sich impulsiv, da sie schwache Nerven haben. Ermahnen und Schimpfen wechseln sich ab. Und wenn sie gute Laune haben, verwöhnen sie ihre Kinder. Man nennt diesen Stil auch Erziehen mit „Zuckerbrot und Peitsche".

Nie nachgeben ist Sturheit.
Immer nachgeben ist Bequemlichkeit.
Beide Erziehungseinstellungen sind ungünstig.

Antiautoritärer Erziehungsstil

Haben Sie eher die Erziehungseinstellung: „Mein Kind soll so lange wie möglich, so lange es noch nicht in den Kindergarten geht, alles machen dürfen!“ Dann werden Sie sicher viel Verständnis und Einfühlungsvermögen für Ihr Kind aufbringen und ihm manches durchgehen lassen. Das kann freilich dazu führen, dass Sie die Erziehung nicht allzu ernst nehmen. Dieser Stil wurde früher auch als antiautoritär bezeichnet. Einerseits wird sich Ihr Kind sicher sehr geliebt und angenommen fühlen, andererseits wird es ihm schwer fallen, sich anzupassen; außerdem wird es die Regeln des Zusammenlebens nicht so wichtig nehmen. Muss sich dieses Kind später dann in eine Gruppe einordnen, wird es rebellisch reagieren und durch die Regeln des Kindergartens eher frustriert sein.

Alles Erlauben lässt kindlichen Willen grenzenlos werden.

Lascher Erziehungsstil

Vielleicht gehören Sie zu den Eltern, die immer denken, sie hätten schuld, wenn ihr Kind trotzig oder wütend reagiert? Oder die alles auf sich nehmen und sich beispielsweise sagen: „Na ja, dann mach ich das eben selber; ist ja auch weiter gar nicht schlimm." Eltern mit diesem entgegenkommenden, laschen Erziehungsstil werden von ihren Kindern selten ernst genommen. Sie fühlen sich zunehmend hilfloser und pflegen zu jammern: „Wenn du die Mami lieb hättest, würdest du folgen" oder (noch schlimmer): „Ich hab dich nicht mehr lieb, wenn du dich so aufführst." Dieses Klagen und Sich-selbst-Bemitleiden kann ein Kind sehr verunsichern und eher ängstlich-aggressiv werden lassen.

Niemals mit Liebesentzug drohen – das erzeugt Ängste!

Materialistischer Erziehungsstil

Natürlich hängt es auch vom Temperament Ihres Kindes ab, welche Auswirkung Ihre Erziehungshaltung hat. Robuste Kinder lassen sich nicht so schnell von elterlichen Schwankungen beeindrucken wie sehr sensible. Das eine Kind lässt seine Aggressionen spontan heraus und erleichtert sich damit, das andere frisst Enttäuschung und Ärger in sich hinein, bis es nicht mehr kann und die Wut an ganz anderer Stelle herauskommt.

Einen modernen Erziehungsstil nach dem Motto: „Na ja, wenn du nicht willst, dann lässt du es eben bleiben" findet man bei Eltern, die sehr mit ihren eigenen Bedürfnissen und Hobbys beschäftigt sind. Das Kind wird irgendwie mitgezogen, seine Wünsche und sein Bedürfnis nach Liebe und Zuwendung spielen keine Rolle. Dafür wird es mit materiellen Dingen umso reichlicher ausgestattet. Auch dieses Kind wird irgendwann eine klare Reaktion seiner Eltern erfahren wollen und sich bis dahin rebellisch verhalten.

Geschenke sind kein Ersatz für Liebe und Zuwendung.

Gemischter Erziehungsstil

Sie haben gemeinsam versucht, Ihren Erziehungsstil herauszufinden und sind der Meinung, Ihr Erziehungsstil sei ein Mix aus verschiedenen Methoden? Dann gibt es Situationen, in denen Sie eher streng reagieren und nicht kompromissbereit sind, z. B. wenn es ums Schlafengehen oder die Pünktlichkeit geht. Andererseits sind Sie aber Ihrem Kind sehr wohlwollend zugewandt und respektieren seinen Willen und seine Persönlichkeit. In vielen Dingen geben Sie auch gern mal nach. Mit dieser Erziehungsmethode lassen Sie sich keinem bestimmten Erziehungsstil zuordnen.

Demokratischer Erziehungsstil als Königsweg?

Zahlreiche entwicklungspsychologische und pädagogische Untersuchungen haben deutlich gezeigt, dass sich ein verständnisvoller, demokratischer Erziehungsstil, der von beiden Elternteilen eingehalten wird, am besten bewährt. Mit verständnisvoll ist gemeint, dass Eltern von heute sich dem jeweiligen Entwicklungsalter ihres Kindes anpassen. Sie sind also bemüht, die Bedürfnisse ihres Kindes und seine Motive und Gefühle zu verstehen. Demokratisch bedeutet hier, dem Kind soziale Regeln vorzuleben, ihm zu helfen, erwünschtes Verhalten zu zeigen, und möglichst mit wenig Strafe auszukommen. Dafür werden verständliche, klare Grenzen gesetzt. Kompromisse dürfen gemacht werden, wenn z. B. das Kind müde oder krank ist. Kinder ab drei bis vier Jahren werden in Entscheidungen mit einbezogen und bekommen Wahlmöglichkeiten angeboten. Gefühle werden ausgesprochen und respektiert.

Das klingt sehr harmonisch, gelingt aber nur, wenn man seinen elterlichen Anteil an diesem demokratischen Erziehungsstil erkennt. Der Erziehungsalltag wird eben weitgehend durch die kindlichen „Unarten" bestimmt, die Eltern immer wieder überraschen können oder vor neue Entscheidungssituationen stellen. Der hohe Anspruch, immer ruhig und verständnisvoll mit seinem Kind umzugehen, kann Eltern auch sehr belasten. Denn die Gefühle der Enttäuschung, die Sie tagtäglich dabei erleben, bleiben sehr häufig unerwähnt. Wenn man sein Kind aber als Persönlichkeit respektiert, dann kann z. B. auch der Vater ihm durchaus mal seine Gefühle zumuten, und umgekehrt sollten die Eltern sich bemühen, die Gefühle ihres Kindes zu respektieren.

Das Kind als Persönlichkeit respektieren – es ist nicht das Eigentum seiner Eltern.

Die Grundhaltung, in Ihrem Kind eine eigenständige, individuelle Persönlichkeit zu sehen, hilft Ihnen, Ihr Kind nicht zu schädigen und nicht zu demütigen. „Was ich nicht möchte, das mir geschieht, tue ich auch keinem anderen an." Das klingt so simpel, und doch ist demokratische Erziehung nicht einfach zu praktizieren. Hilfestellungen erhalten Sie in einem späteren Kapitel (vgl. Seite 123).

Ursachen elterlicher Frustrationen

Als Eltern wollen Sie sicher immer das Beste für Ihr Kind und haben bestimmte Vorstellungen, wie es sich entwickeln wird. Sie sorgen sich um seine Gesundheit, um seine Ernährung, um seinen Schlaf. Sie möchten, dass es möglichst wohlbehütet aufwächst und sich später gut in die Kindergruppe integriert. Selbst die Schullaufbahn wird häufig schon in der Kleinkindzeit festgelegt. Entwickelt sich das

Kind dann nicht in der gewünschten Weise, sind Enttäuschungen programmiert.

Fürsorge der Eltern

Wenn sich Ihr Kind verletzt und eine blutende Schramme an der Wange hat, die ihm sein kleinerer Bruder zugefügt hat, dann reagieren Sie womöglich aufgeregt und schimpfen: „Wie oft habe ich euch gesagt, ihr sollt nicht streiten?! Warum hört ihr nicht, wenn ich euch etwas sage?!" Eigentlich sind Sie ja besorgt, aber die Besorgnis wird über Schimpfen abreagiert. Eltern, die sich vielleicht nicht so viele Gedanken um das Wohlergehen ihres Kindes machen, sehen es eher gelassener: „Na ja, alles halb so schlimm. Komm, wir versorgen den Kratzer. Pass beim nächsten Mal besser auf!" oder: „Seid halt nicht so wild!"

Wenn ein Kind aber nicht essen will – wie im Beispiel von Daniela –, werden die Sorgen schnell größer, denn das Kind soll ja nicht krank werden. Es soll genügend Vitamine zu sich nehmen und das richtige Gewicht haben. So kann es geschehen, dass Sie Ihr Augenmerk zu stark auf die Essenssituation richten. Ihr Kind weiß zwar nichts von Ihren Ängsten, spürt aber Ihr Drängen und wehrt sich dagegen.

Wenn Ihr Kind aus dem Kindergarten kommt und Schimpfwörter verwendet oder Märchen erzählt, um von einem störenden Verhalten abzulenken, dann ist es weder ungezogen noch unehrlich. Kinder in diesem Alter haben einfach Spaß an verbotenen Wörtern, und zwischen Wahrheit und Fantasie können sie noch nicht gut unterscheiden.

Das elterliche Verhalten wird also sehr häufig durch Ängste oder große Fürsorge, aber auch durch Ärger und Enttäuschung ausgelöst und gesteuert. Werden Eltern sich dessen bewusst, werden sie auch genauer überlegen, was sie sagen, und darauf achten, wie sie reagieren oder sich dem Kind gegenüber verhalten. Das ängstliche Verhalten der Mutter kann vom Kind übernommen werden, da es die ersten Jahre überwiegend über Nachahmung lernt. Ebenso wird unbeherrschtes und lautes Verhalten von Mutter oder Vater nachgeahmt. Wundern Sie sich also nicht, wenn Ihr Kind Sie anschreit.

Wenn es in den Bereichen Aufräumen und Sauberkeit immer wieder zu Konflikten kommt, lohnt es sich zu hinterfragen, ob Eltern bestimmten Zwängen unterliegen. Eine sehr ordnungsliebende Mutter wird sich schwer tun, wenn ihr Kleinkind beginnt, neugierig zu werden und die Wohnung zu untersuchen. Plötzlich liegen die Bücher auf dem Boden, die Zeitungen sind durcheinander geworfen, die Töpfe aus dem Schrank geräumt. Das Kind ist aber noch nicht unordentlich und will Sie auch nicht ärgern oder in Ihrem Ordnungsdenken provozieren. Es hat einfach Spaß am Hantieren und Experimentieren. Wenn Sie jetzt zu streng reagieren, alles gleich wieder zurückräumen oder schimpfen, dann wird Ihr Kind sich eingeengt fühlen und sich gegen Ihren Ordnungssinn wehren. Denken Sie einfach daran, dass diese „Phasen des Ausräumens“ auch wieder vorübergehen. Helfen Sie Ihrem Kind: Zeigen Sie ihm, wie es die Bücher wieder einräumen kann, aber lassen Sie ihm den Spielraum zum Hantieren, solange es ein Buch nicht beschädigt. Einem etwa dreijährigen Kind können Sie helfen, beispielsweise mit farbigen Kisten sein Ordnungssystem aufzubauen. Sachliche Bitten wie „Räum dein Zimmer auf“ kann es noch nicht verstehen. Ein Kind hat noch ein ganz anderes Ordnungsverständnis als der Erwachsene! Wenn Sie ihm Ordnung vorleben, können Sie darauf vertrauen, dass Ihr Kind auch später gewisse Ordnungsregeln einhalten wird.

Die eigenen Zwänge

Sauberkeit:

Erfreulicherweise hat sich in der heutigen Erziehung die Einstellung zum Saubersein („Ein Kind muss mit zwei Jahren sauber sein“) geändert. Früher wurden Kinder noch mit einem Jahr so lange auf den Topf gesetzt, bis endlich etwas drin war. Heute weiß man, dass dieser Zwang überhaupt keinen Sinn hat, da ein Kind frühestens zwischen dem zweiten und dritten Lebensjahr fähig ist, gezielt sein kleines und großes Geschäft in das Töpfchen zu machen. Diese alten überlieferten Zwänge in der Sauberkeitserziehung sollten also genau hinterfragt werden, damit Sie Ihr Kind damit nicht zu sehr quälen.

Schlafenszeit:
Die Einstellung „Ein Kind muss um sieben Uhr im Bett sein" ist veraltet. Kinder entwickeln ihren individuellen Schlafrhythmus und haben auch ein ganz individuelles Schlafbedürfnis. Es gibt Kinder, die schon früh sehr munter sind und abends zwischen sieben und acht Uhr müde. Andere wieder schlafen morgens sehr lange und sind dafür spät abends noch putzmunter. Zwingen Sie Ihr Kind also niemals in den Schlaf. Am besten gewöhnen Sie Ihren Liebling an Einschlafrituale, die ihm helfen können, den Übergang vom Wachzustand in den Schlaf zu finden. Viele Schlafstörungen von Kleinkindern stehen in Zusammenhang mit dem elterlichem Verhalten.

Mit Zwang erreicht man weder Sauberkeit noch Schlaf.

Je zwanghafter und eingeengter Sie sich selbst erleben, umso mehr werden Sie versuchen, Ihr Kind mit Druck zu erziehen. Wenn Sie dann auf den Widerstand Ihres Kindes stoßen, werden Sie auch sehr schnell die eigene Hilflosigkeit spüren. Geben Sie Ihrem Kind mehr Raum, seine eigenen Erfahrungen zu machen, wird es von selbst den Zeitpunkt bestimmen, wann es sauber ist, allein in seinem Bett schläft oder sich von seinem Schnuller trennt.

Die eigenen Gefühle

Hilflosigkeit kann Gefühle der Angst, der Enttäuschung oder auch des Ärgers erzeugen. Es ist sicher besser, Sie sprechen Gefühle einfach mal an, statt Ihr Kind auszuschimpfen oder in ein Verhalten zu zwingen. Wie häufig geschieht gerade der Klaps aus einer gewissen Hilflosigkeit heraus. Sie können Ihrem Kleinkind schon ganz klar Ihr Unbehagen oder Ihren Ärger sagen. Denn es kann sehr wohl Ihre Gedanken und Empfindungen nachspüren. Es versteht dann auch, dass Sie ihm nicht böse sind, sondern dass Sie sich über eine bestimmte Verhaltensweise ärgern. Es kann Ihren ängstlichen, ärgerlichen oder hilflosen Gesichtsausdruck dann seinem Verhalten zuordnen und fühlt sich nicht verunsichert.

Sie brauchen keine Sorgen zu haben, dass Ihr Kind Sie ausnützen wird, wenn Sie offen zu ihm sind. So weit denkt Ihr Kind noch gar nicht. Wie Sie schon erfahren haben, lernen Kinder im Alter zwischen drei und vier Jahren, auch die Gefühle ihrer Mitmenschen zu verstehen und zu respektieren. Hat man seine Gefühle ausgesprochen, geht es einem meist auch schon viel besser. Die eigene Gereiztheit oder Hilflosigkeit hat ja nicht immer mit dem Verhalten des Kindes zu tun. Sie hat vielleicht eine ganz andere Ursache.

Und wenn Sie Ihrem Kind beispielsweise sagen: „Du, ich bin heute traurig, aber du bist nicht schuld", dann wird es das auch verstehen.

Seien Sie ehrlich zu sich selbst und sagen Sie Ihrem Partner und Ihrem Kind, was Sie fühlen.

War Ihr Kind ungeschickt, und Sie ärgern sich darüber? Schimpfen Sie nicht, sprechen Sie es aus: „Ich bin jetzt ärgerlich, weil du …" Auf diese Weise vermeiden Sie es, Ihr Kind zu kränken. Wenn Ihr Kind z. B. ein Glas umschüttet, und der ganze Boden schwimmt, und Sie sagen: „Du bist doch ein Trottel. Warum kannst du nicht aufpassen!", dann wird das Kind wahrscheinlich weinen und sich mies fühlen. Wenn Sie aber sagen „Das ärgert mich. Jetzt ist das Glas umgefallen, weil du so gezappelt hast, und ich muss wieder alles aufwischen", dann wird das Kind zwar auch ausgeschimpft, aber Sie haben klar zwischen seiner Handlung und Ihren Gefühlen getrennt.

So wie man negative Gefühle ausspricht, sollte man natürlich erst recht positive Gefühle seinem Kind öfter sagen: dass man sich freut, dass es da ist, dass man es lieb hat. Je mehr Sie sich Ihrem Kind auch gefühlsmäßig positiv öffnen, um so mehr wird es Ihnen positive Gefühle zurückgeben. Beobachten Sie mal Ihr Kleines, wenn es mit anderen Kindern im Rollenspiel ist oder mit seiner Puppe spricht. Sie werden erstaunt sein, wie gut die Kinder ihre Eltern nachahmen.

„Wie man in den Wald hineinruft, so schallt es wieder heraus."

Haben Sie Ihr Kind im Zorn ausgeschimpft, sollten Sie sich bei ihm entschuldigen und ihm sagen, dass Sie ungerecht waren. Sie sind dann gleichzeitig ein gutes Vorbild dafür, dass nicht immer alles gerecht verläuft, dass es aber doch Möglichkeiten gibt, sich zu entschuldigen. Stehen Sie zu sich selbst und zu Ihrem Temperament, wertschätzen Sie sich, gestehen Sie sich auch mal schwache Nerven und ein Ruhebedürfnis zu. Lernen Sie, Ihre eigenen Grenzen einzuschätzen. Aber lassen Sie Ihre Launen nicht an Ihrem Kind aus – es würde seinem Selbstbewusstsein und seinem Verhalten sehr schaden. Richtiger wäre es, Sie würden sich Hilfe holen (s. Anhang „Adressen, die weiterhelfen", Seite 170).

Das Erziehungs-ABC: Was heißt eigentlich erziehen?

Sie haben nun Ihre eigene Erziehungseinstellung überprüft und Ihre Gefühle und Motive, die Sie im Alltag mit Ihrem Kind erleben. Sie möchten den demokratischen Erziehungsstil gern beibehalten, da er positive Auswirkungen auf das kindliche und elterliche Verhalten hat. Aber was bedeutet Erziehen genau? Und wann ist der richtige Zeitpunkt? Erziehen hat viel mit Lernen und Verhalten zu tun und geschieht täglich, vom Tag der Geburt an. Denn wir können uns gar nicht „nicht verhalten". Schon das Baby sendet Signale, und Eltern reagieren darauf. Von Anfang an lernen sowohl das Kind wie auch die Erwachsenen über Erfahrungen, Wiederholungen und Nachahmungen. Ab dem sechsten Monat erfährt das Kind immer häufiger, dass bestimmte Verhaltensweisen von den Eltern freudig bestätigt werden („Ja, fein hast du das gemacht") oder abgelehnt („Nein, nicht die Blumenerde ausräumen, tu sie wieder rein".)

Diese Art von Lernen wird auch „soziales Lernen" genannt. Erziehen hat also viel mit Lernen zu tun, denn Verhalten, das gelernt wurde, kann auch wieder verlernt werden! Erziehen bedeutet, dem Kind abhängig vom Alter beizubringen, welche Verhaltensweisen erwünscht sind und welche sich das Kind möglichst nicht angewöhnen soll (unerwünschtes Verhalten).

Jedes Verhalten steht in Wechselwirkung und hat immer einen Anfang oder Auslöser (A) Auf das Verhalten des Kindes (B) folgt ein Verhalten, eine Reaktion des Erziehers (C).

Erziehen bedeutet aber auch, dem Kind die häuslichen Regeln beizubringen und ihm zu helfen, damit es sich über seine erlernten sozialen Verhaltensweisen immer besser in das Familienleben und später auch in das Leben mit den Kindergartenkindern eingewöhnen kann. Sie werden jetzt einige lernpsychologische Erkenntnisse erfahren, die Ihnen helfen, besser zu verstehen, was man mit „Erziehen" eigentlich erreichen möchte.

Jedes Verhalten wird erlernt

Die meisten alltäglichen Verhaltensmuster, wie Sprechen, Essen, Sich-Anziehen, Schlafengehen, Spielen, lernt Ihr Kind in den ersten Lebensjahren. Ein großer Teil unseres täglichen Verhaltensrepertoires ist also erlernt (nicht angeboren wie z.B. einige Reflexe oder Temperamentsunterschiede). Und wir lernen ständig dazu. Als Eltern werden Sie versuchen, Ihrem Kind dabei zu helfen, neue Verhaltensweisen einzuüben (z.B. sich selbstständig anziehen) oder bereits gelernte erwünschte Reaktionen des Kindes, wie z.B. bitte und danke sagen, zu festigen. Sie loben Ihr Kind so oft wie möglich und bringen Ihre Anerkennung zum Ausdruck: „Fein machst du das". Für unerwünschte

Reaktionen und störende Verhaltensweisen erntet Ihr Kind eher Kopfschütteln oder ein Nein.

Erziehen bedeutet: dem Kind beibringen, welche Verhaltensweisen sozial erwünscht sind und welche nicht.

Kinder wollen aber nicht immer so, wie die Eltern sich das wünschen. Sie ziehen sich vielleicht nur unter Geschrei und mit Widerstand an, sie sagen selten danke, wenn sie etwas bekommen, oder weigern sich, bitte zu sagen. Die Eltern nehmen sich vor, ihrem Kind dieses unerwünschte Verhalten wieder abzugewöhnen. Es soll also wieder verlernt werden. Somit bedeutet Erziehen: Ein Leben lang Verhalten zu verändern, entweder zu häufigerem erwünschtem Verhalten oder zu seltenerem unerwünschtem Verhalten.

Natürlich benötigt ein dreijähriges Kind dabei wesentlich mehr Zeit und Geduld als ein dreizehnjähriges. Das Kleinkind braucht dabei noch intensive elterliche Hilfestellungen und konsequentes Erziehungsverhalten, ein Dreizehnjähriger hat schon viele Regeln verinnerlicht und fordert nun eher seine Eltern heraus, mit ihm zu diskutieren. Oder er versucht über pubertären Trotz und aggressives Verhalten, sich von den elterlichen Geboten abzugrenzen und sich zu lösen.

Das Kleinkind benötigt erst mal Halt über elterliche Gebote und Verbote. Es braucht Grenzen, um immer wieder zu erfahren, welches Verhalten angemessen ist. Dennoch sollten sich Eltern von Kleinkindern gegenseitig klarmachen, was für Erziehungsziele sie in welchem Alter ihres Kindes haben und welche Verhaltensweisen als erwünscht (angemessen) oder unerwünscht (unangemessen) erlebt werden und warum. Dafür ist es wichtig, das Verhalten Ihres Kindes genau zu beschreiben.

Kindliches Verhalten beschreiben

Nicht selten kommt es vor, dass Kinder einer Kategorie zugeordnet werden mit Begriffen wie „Julia ist aggressiv", „Marco ist schwierig", „Else ist ein Trotzkopf", „Anne ist frech". Eltern sagen auch häufiger: „Wie der Vater so der Sohn", oder Großeltern bemerken: „Na ja, der Apfel fällt nicht weit vom Stamm", wenn der Vater zu Wutausbrüchen neigt oder die Mutter schnell laut wird. Die Etiketten „aggressiv", „ungehorsam", „frech" verallgemeinern und legen das Verhalten des Kindes fest. Es wird eingeordnet, und seine negativen Eigenschaften werden mit seinem Charakter begründet. Julia ist eben dickköpfig, widerspenstig, weinerlich ... Dabei übersehen Eltern, dass das Verhalten ihres Kindes immer auf eine bestimmte Situation, auf das Alter auf eine bestimmte Person, auf ein Erziehungsziel bezogen ist. Die folgenden Beispiele sollen dies verdeutlichen.

Beispiel: Anne ist „unhöflich"

Anne, drei Jahre alt, ist mit ihren Eltern auf der Fahrt zu älteren Bekannten ihrer Eltern. Alle sind zum ersten Mal dort eingeladen. Da diese Leute keine Kinder haben, trichtert die Mutter der Kleinen ein, sie soll „ganz brav" sein, „die rechte Hand geben" (die „schöne"), „Guten Tag" sagen und „Danke", wenn sie etwas geschenkt bekommt. Anne wird immer stiller und freut sich gar nicht mehr. Als sie endlich ankommen, passiert es: Anne gibt weder die „schöne" Hand, noch sagt sie irgendetwas. Sie schaut nur auf den Boden („bockig"). Die Mutter meint entschuldigend: „Anne ist sonst sehr brav, so unhöflich kennen wir unsere Tochter gar nicht." Das ältere Ehepaar winkt freundlich ab und sagt: „Sie ist ja noch klein und kennt uns doch noch nicht." Ist Anne tatsächlich unhöflich?

Erläuterung:

Für Anne war diese neue Situation fremd, mit erst drei Jahren konnte sie die Erwartungen der Mutter mit ihrem Erziehungsziel, „Anne soll höflich sein", noch nicht erfüllen. Sie bekam plötzlich Angst und war blockiert, sie konnte den fremden Menschen weder die Hand geben noch sie begrüßen. In anderen, vertrauten Situationen, z. B. bei ihren Großeltern, war Anne völlig unbefangen. Die Nervosität der Mutter und die neue Umgebung hemmten das Kind, höflich zu sein.

Eine gewisse Selbstbeobachtung der Eltern ist also angebracht, wenn Kinder sich plötzlich anders oder unerwünscht verhalten, denn Verhalten steht immer in Wechselwirkung mit Gedanken und Gefühlen. Eine zu hohe Erwartungshaltung der Eltern kann Kinder sehr verunsichern (vgl. „Beobachten des Elternverhaltens", Seite 107).

Beispiel: Marco ist „aggressiv"

Erinnern Sie sich noch an folgendes Beispiel: Marco litt massiv unter der Trennung seiner Eltern. Durch sein störendes Verhalten im Kindergarten wurde er schnell als aggressiv abgestempelt. Erst als die Erzieherin sein Verhalten hinterfragte und mit der Mutter sprach, kam heraus, dass der Junge sehr unter der Trennung litt, sich ständig zurückzog und gar selbst schädigte.

Erläuterung:

Mit diesem Wissen sah die Erzieherin Marcos störende Verhaltensweisen (Schlagen, Beißen, Treten) aus einem ganz anderen Blickwinkel. Sie hatte jetzt großes Verständnis und auch Mitleid mit diesem traurigen und eher verzweifelten Kind. Marco musste erst wieder lernen, Vertrauen zu seinen Mitmenschen aufzubauen, und brauchte Hilfestellung, um auf freundliche Art Kontakt zu anderen Kindern herstellen zu können.

Wenn Kinder sich also nicht so verhalten, wie die Erwachsenen sich das vorstellen, vor allem, wenn sie versuchen, ihren Willen durchzusetzen, oder sich „ungezogen“ benehmen, werden sie schnell mit negativen Eigenschaften belegt. Das kann sehr ungerecht sein, denn bei diesem aggressivem Verhalten handelt es sich keinesfalls um charakterliche Züge des Kindes, sondern um Verhaltensweisen, die durch bestimmte Situationen ausgelöst worden waren. Wenn Sie nun versuchen, das auffällige Benehmen Ihres Kindes einmal genauer zu beschreiben, werden Sie erkennen, dass sich hinter den negativen Eigenschaften eine Reihe konkreter, also „spezifischer“ Verhaltensweisen verbergen.

So trotzt Anna anders als Julia und Mark anders als Ferdinand. Max wiederum zeigt andere Verhaltensweisen als Marco, wenn er aggressiv ist. Wichtig ist auch zu erkennen, dass nicht das Kind selbst aggressiv ist, sondern es verhält sich nur so in bestimmten Situationen.

Auch bei bestimmten Personen kann Ihr Kind unterschiedlich reagieren. Bei der Mami ist es vielleicht vorlaut und frech oder hört erst, wenn sie zum dritten Mal ruft. Beim heißgeliebten Papa, den es seltener sieht, hört es sofort. Das werden Sie als Mutter ungerecht empfinden. Wenn Sie daher Ihrem Kind als „Erziehungsmaßnahme“ immer wieder sagen: „Sei nicht so böse“, „Sei nicht so bockig“ oder „Sei nicht so aggressiv“, wird sich kaum etwas verändern.

Denn diese Bemerkungen sind für Ihr Kind genauso unspezifisch wie für Sie selber. Beobachten Sie genau, was Ihr Kind tut, wenn es sich in Ihren Augen böse oder bockig verhält.

Beispiel: Julia wirft mit Sand um sich. Sagt die Mutter daraufhin: „Julia, hör auf, mit dem Sand zu werfen", dann versteht Julia, was sie meint.

Kleine Kinder richten sich noch sehr nach der Reaktion der Erwachsenen und erleben somit immer wieder, dass sie einmal für ein Verhalten ausgeschimpft und ein andermal dafür gelobt werden, also je nach Situation, Zeitpunkt und Erziehungsziel.

Wenn Ihr Kind sich gegen Sie wehrt, weil Sie ihm die CD aus der Hand nehmen, ist es dann böse? Wenn es sich auf dem Spielplatz wehrt, weil ein anderes Kind ihm seine Schaufel wegnimmt, ist es dann gut und mutig, da es sich ja so toll verteidigt hat?

Die unterschiedliche elterliche Reaktion wird vom Kind eher als Willkür erlebt, wenn es die Zusammenhänge noch nicht erkennen kann und diese auch nicht erklärt bekommt. Das kann wiederum ein Auslöser für trotziges und aggressives Verhalten sein.

Der erste Schritt, um Verhalten zu verändern: Beschreiben Sie die störenden Eigenschaften als spezifisches Verhalten und erklären Sie Ihrem Kind, welches Verhalten unerwünscht ist.

Schauen Sie sich die Beispiele von Anna (Seite 18) und Julia (Seite 26) noch mal an. Was genau tut und sagt das Kind?

Anna ist „trotzig“:

- Anna sagt: „Nein, nein“, als sie sich anziehen lassen soll.
- Anna läuft weg.
- Anna verschränkt die Arme, so dass die Mutter ihr den Pulli nicht anziehen kann.
- Anna wirft sich auf den Boden.
- Anna strampelt mit Händen und Füßen.
- Anna tritt nach der Mutter.
- Anna schreit: „Ich will alleine.“

Hinter der einen Eigenschaft „trotzig“ (unspezifisch) stehen in diesem Beispiel also acht spezifische beobachtbare und beschreibbare Verhaltensweisen, die Anna zeigt. Die Beschreibung dieser Verhaltensweisen sollte ohne Bewertung geschehen. Denn die Bewertung eines Verhaltens ist schon wieder sehr subjektiv und wird durch die eigenen Emotionen gesteuert sowie durch die Absicht und die Motive des Kindes.

Julia ist „aggressiv“:
Welche Verhaltensweisen zeigt Julia?
- Julia krabbelt auf Heike zu.
- Julia haut ihr die Schaufel auf den Kopf.
- Julia schreit, als sie einen Klaps bekommt.
- Julia wirft sich in den Sand.

Hinter der Eigenschaft „aggressiv“ stehen hier vier beschreibbare Verhaltensweisen, die nicht bewertet wurden. Es spielt durchaus auch die Häufigkeit des Verhaltens eine Rolle, ob wir ein Kind als „aggressiv“ bezeichnen. Ist es nur einmal vorgekommen, dass Ihr Kind ein anderes haut, ist es noch nicht aggressiv. Wiederholt sich dieses Verhalten „Hauen“ aber täglich mehrmals, sodass Sie sich schon gar nicht mehr auf den Spielplatz trauen, dann werden Sie Ihr Kind eher als aggressiv bezeichnen.

Beobachten Sie Ihr Kind auf jeden Fall mal genau, wenn es im Sandkasten spielt. Welche spezifischen Verhaltensweisen zeigt es, wenn Sie es aggressiv finden? Nur neue Erkenntnisse versetzen Sie in die Lage, das Verhalten „Hauen“ zu verändern.

Kindliches Verhalten beobachten

Wollen Sie als Eltern das schwierige (unerwünschte) Verhalten Ihres Kindes verändern, müssen Sie es erst einmal genau beobachten, denn Sie werden nicht von heute auf morgen bestimmte kindliche Aggressionen abbauen können. Zu viele verschiedene Verhaltensweisen können die Ursache sein. Sie haben es ja vielleicht schon im Guten wie im Strengen versucht, aber es hat nicht viel verändert, weil Sie eventuell zu allgemein vorgegangen sind. Wenn Sie sich aber bemüht haben, das störende Verhalten genau zu beschreiben, werden Sie auch festgestellt haben, was Sie im Augenblick am meisten stört und welche aggressive Verhaltensweisen Sie als Erstes verändern wollen.

Für Julias Mutter kann es wichtig sein, dass ihr Kind andere Kinder nicht mehr haut. Für Annas Mutter wäre es vielleicht wichtig, dass Anna sie nicht mehr tritt oder schlägt. Dieses Ziel wird bewirken, dass Sie Ihr Kind jetzt ganz anders beobachten und mit den gewonnenen Erkenntnissen gerechter handeln können.

Den ersten Schritt, Verhalten „spezifisch“ zu beschreiben, ohne es zu beurteilen, haben Sie schon gemacht.

Jetzt folgt der zweite Schritt: Sie wollen das aggressive Verhalten verändern und es daher genau beobachten mit Hilfe eines Verhaltensprotokolls. Beantworten Sie sich folgende Fragen:

Die W-Fragen

1. Wann tritt das Verhalten auf?
(z. B. Hauen)

- Gibt es bestimmte Situationen
(z. B. zu Hause, wenn ein Kind zu Besuch kommt)
- Gibt es bestimmte Zeitpunkte?
(z. B. wenn das Kind besonders müde ist)
- Gibt es bestimmte Auslöser?
(z. B. wenn die Mutter von dem Kind etwas fordert)

2. Wo tritt das Verhalten auf?
(z. B. zu Hause, auf dem Spielplatz, im Kindergarten, bei bestimmten Personen)

3. Wie oft tritt das Verhalten auf?
(täglich mehrmals, einmal pro Woche, einmal im Monat).

- Wie lange dauert das Verhalten? (eine Minute, zehn Minuten)

4. Warum zeigt das Kind dieses Verhalten?
(Welche Gründe, Motive, Ziele stehen dahinter?)

Vielleicht kommt Ihnen das alles sehr pingelig vor, aber Sie werden feststellen, dass Sie auf diese Weise zu einer anderen Wahrnehmung gelangen. Wenn Sie ein paar Tage lang bestimmte Verhaltensweisen Ihres Kindes beobachten, zählen oder die Zeit stoppen (Wie lange hat das Kind geschrien?), sehen Sie das unerwünschte Verhalten jetzt aus der Perspektive des Beobachters. Sie können neutraler sein und stellen fest, dass Ihr Kind vielleicht gar nicht so oft haut, wie Sie dachten, dass es zwischendurch sehr wohl mit andern Kindern gut spielen kann. Oder es haut nur dann, wenn es zu Hause sein Reich verteidigt. Oder Sie bemerken, dass Ihr Kind gar nicht „stundenlang" schreit, sondern nur zwei Minuten, dafür aber täglich mehrmals. Das Geschrei hatte Sie bisher nur so genervt, weil es Ihnen so lang vorkam. Möglicherweise ergibt sich aus der Beobachtung, dass Ihr Kind vermehrt dann einen Trotzanfall bekommt, wenn Mutter oder Vater schon gereizt und ungeduldig sind oder das Kind sehr übermüdet ist. Es fällt Ihnen plötzlich auf, dass Sie häufig am Tag das Wörtchen „nein" verwenden und Ihr Kind öfter mit lauter Stimme zurechtweisen.

Das Beobachten der Verhaltensweisen bewirkt vor allem, dass das Geschehen objektiver dargestellt wird und der Blick für die Zusammenhänge zwischen kindlichem und elterlichem Verhalten geschärft wird.

Das eigene Verhalten beobachten

Beobachten ist der zweite Schritt zu einer Veränderung im Erziehungsalltag. Als Elternpaar können Sie sich gegenseitig beobachten, wie Sie sich dem Kind gegenüber verhalten. Versuchen Sie, auch hier Ihre Verhaltensweisen zu beschreiben, ohne zu beurteilen. Sagen Sie also nicht: „Du bist viel nachgiebiger oder strenger als ich", sondern: „Du hast dreimal nein gesagt und dann die Schaufel weggenommen" oder „Du hast die Hand sofort festgehalten" (damit das Kind nicht schlagen konnte).

In der eigenen Erzieherrolle und vor allem in einer Konfliktsituation sieht und hört man sich meist nicht selbst, sondern man bemerkt nur das Verhalten des Kindes. Somit kann es auch mal sehr wertvoll sein, wenn man Rückmeldung bekommt, wie man sich eigentlich mit seinem Kind verhält. Für viele Mütter und Väter ist es schon ein Aha-Erlebnis zu erfahren, wie einen der andere erlebt und sieht. Lassen Sie Ihre Videokamera in täglichen Entwicklungssituationen mitlaufen, z. B. zusammen essen oder beim abendlichen Zähneputzen.

Beobachten Sie Ihr Kind auch im Rollenspiel, vor allem, wenn mehrere Kinder „Vater, Mutter, Kind" spielen. Sie werden erstaunt sein, wie gut Ihr Kind Sie nachahmt, in Tonfall und Wortwahl und Mimik! Das Anschauen einer Konfliktsituation ist sehr aufschlussreich in Bezug auf das eigene verbale Verhalten.

Auslöser für unerwünschtes Verhalten (A)

Die Ursachen können sehr vielfältig sein. Es gibt immer wieder bestimmte Situationen, die günstig oder ungünstig für das erwünschte kindliche Verhalten sind. Stehen Mutter oder Vater unter Zeitdruck und verlangen etwas von ihrem Kind, dann kann diese Situation sehr ungünstig sein, denn das Kind spürt den Druck und verhält sich möglicherweise deshalb anders, als wenn Sie gelassen darum bitten, dass es sich an- oder auszieht. Auch die Tageszeit spielt eine Rolle. Ob z. B. das Kind pünktlich um sieben Uhr ins Bett gehen soll und die Mutter vorher noch mit ihm spielt oder ob der Befehl: „Jetzt ist es sieben Uhr, du musst ins Bett" überraschend für das Kind kommt. Entscheidend ist auch, ob das Kind schon müde ist oder noch müde, weil es so früh aufstehen musste.

Ein Auslöser kann auch eine bestimmte Person sein. Das Kind verhält sich vielleicht anders bei Mama und Papa als bei der Oma oder Erzieherin. Oder die Mutter hat das Gefühl, im Augenblick trotzt es nur bei ihr oder ist nur ihr gegenüber so aggressiv. Kinder haben tatsächlich Phasen, wo sie mal mehr Mama- oder mehr Papa-Kind sind und versuchen, den anderen Elternteil auszuspielen. Wenn Sie sich umarmen, kann es passieren, dass Ihr Kind sich eifersüchtig dazwischendrängt. „Das ist meine Mama!" oder „Das ist mein Papa!" und den anderen Elternteil wegschubst. Nehmen Sie diese kindliche Reaktion nicht zu persönlich.

Hinter jedem kindlichen und elterlichen Verhalten stehen auch bestimmte Ziele und Motive (vgl. „Beobachten des Elternverhaltens", Seite 107). Wenn Sie möchten, dass Ihr Kind um sieben Uhr zu Bett geht, dann haben Sie naheliegenderweise das Erziehungsziel „Mein Kind soll sich an

Pünktlichkeit gewöhnen und genügend Schlaf bekommen." Ihr Kind hat aber auch Ziele und Motive und möchte vielleicht zu diesem Zeitpunkt mit Ihnen noch spielen oder es möchte überhaupt nicht ins Bett, weil in der Familie noch viel zu viel los ist. Es ist halt viel spannender, den Eltern zuzuschauen als zu Bett zu gehen.

Hinter den täglichen Erziehungskonflikten stehen also sehr häufig Zielkonflikte: Erzieher – Mutter und/oder Vater – haben bestimmte Ziele, die oft völlig konträr zu den Zielen oder Motiven ihres Kindes stehen. Da ein Kind aber lernen muss und auch lernen soll, elterliche Ziele und Grenzen zu akzeptieren, wird es immer wieder zu Erziehungskonflikten kommen, wie schon in der Beschreibung von trotzigem, aggressivem Verhalten erklärt wurde. Gerade diese Zielkonflikte führen zu täglichen Enttäuschungen und Frustrationen auf beiden Seiten.

Ein Verhaltensprotokoll anlegen (B/C)

Annas Mutter möchte, dass ihr Kind sich kooperativer verhält, vor allem, wenn sie unter Zeitdruck ist. Die Mutter weiß nach ihrer Eigenbeobachtung, dass sie schnell nervös wird, wenn die Zeit knapp wird, und dass sie dann am liebsten alles selber machen möchte. Sie möchte Anna zwar demokratisch und verständnisvoll erziehen, aber es ist ihr nun schon häufiger passiert, dass ihr die Hand ausrutschte, wenn Anna tobte. Danach fühlte sie sich mies. Als Kind wurde sie sehr streng und mit Schlägen erzogen. Sie ist sich mit ihrem Mann einig, dass sie ihre Tochter keinesfalls schlagen wollen. Doch Annas Dickkopf bringt die Mutter öfter aus der Fassung, und alle guten Vorsätze sind dahin.

Wie kann sie eine Veränderung schaffen? Sie schreibt aus der Erinnerung der letzten Szene ein Protokoll.

Auswertung des Protokolls

Wenn Sie sich dieses Protokoll genauer ansehen, können Sie erkennen, wie sich das Verhalten von Anna und Mutter gegenseitig hochschaukelt. Man sagt in der Lernpsychologie: Es entstehen „Verhaltensketten" – ein Verhalten löst das andere aus wie beim Pingpong-Spiel. Erkennen Sie einige Situationen wieder? Die Verhaltenskette in diesem Beispiel wurde durch den Klaps der Mutter beendet. Erst dann gab Anna nach und ließ sich anziehen.

Sehr häufig hat man in der Erziehung das Gefühl, mit Geduld und Überreden nicht weiterzukommen. Wenn man schimpft oder dem Kind einen Klaps gibt, dann gehorcht es endlich. Schauen Sie sich das Protokoll genauer an. Sie können zwar feststellen, dass Annas Mutter ihr Ziel erreicht hat, doch erst nach einer längeren Verhaltenskette, in der viele unerwünschte Verhaltensweisen (Weglaufen, Schreien, Treten) vorkamen. Der Klaps beendet schließlich diesen Erziehungskonflikt. Anna gab nach. Genau dieses Ergebnis widerstrebt aber Annas Mutter. Ihr Ziel ist es, diese Verhaltenskette jetzt früher zu unterbrechen und ohne Klaps auszukommen. Sie will auch mehr auf ihre Reaktionen achten.

Wollen Sie das Verhalten Ihres Kindes verändern, müssen Sie auch Ihr eigenes Verhalten genauer beobachten. Vielleicht sind Sie nun überrascht, dass plötzlich Ihr eigenes Benehmen unter die Lupe genommen werden soll. Denn letztlich soll sich doch das Kind verändern. Es ist das Kind, das trotzt oder aggressiv ist oder nicht gehorcht. Aber wenn Sie Ihr Verhalten betrachten, werden Sie feststellen, dass Sie verstärkt die unerwünschten Verhaltensweisen beachten. Das viele Tadeln, Ermahnen und Schimpfen kommt zustande, wenn Sie Ihr Kind wiederholt kritisieren: „Lass das!“, „Hör auf zu schreien“, „Setz dich ordentlich hin“, „Hau das andere Kind nicht“... Ihr Kind erfährt also ständig Zuwendung auf ein Verhalten, das Sie stört und das Sie verändern wollen. Sie werden immer wieder erleben: Je mehr Sie das Kind ermahnen, desto weniger bewirkt dies. Woran kann das liegen? Ist Erziehen tatsächlich so schwierig? Oder kann es sein, dass die Zuwendung auf das unerwünschte Verhalten womöglich dieses Verhalten nur noch mehr festigt und stabilisiert? Damit kommen wir zu einer wichtigen lernpsychologischen Erkenntnis.

ABC-Protokoll

A Anfang	B Verhalten des Kindes	C Verhalten der Mutter/Erzieher
Mutter hat es eilig, ein Arzttermin muss eingehalten werden.	Kind schreit: „Nein, nein, Anna will alleine machen." →	„Anna, ich muss dir helfen, wir müssen aus dem Haus."
Ziel der Mutter: Ich ziehe Anna heute an, damit es schneller geht.	Anna verschränkt die Arme. →	Mutter schaut Anna an (bittend).
Ziel des Kindes: Ich möchte mich alleine anziehen.	Anna läuft weg. →	Die Mutter läuft Anna nach und hält sie fest.
Anna kann sich alleine anziehen.	Anna wirft sich auf den Boden. →	Mutter beugt sich zu Anna.
	Sie strampelt. →	Mutter weicht zurück.
	Sie tritt nach der Mutter. →	Mutter schaut Anna an.
	Sie schreit: „Nein, nein, alleine machen." →	Mutter hält Hände des Kindes fest. Sie sagt: „Anna, hör auf, sei nicht so trotzig, ich muss dir helfen."
	Anna schreit sehr laut. →	(mit lauter Stimme) „Hör auf, so bockig zu sein."
	Anna schreit weiter. →	Mutter gibt Anna einen Klaps auf den Po.
	Anna schluchzt und bleibt regungslos. →	Mutter hebt Anna hoch und zieht sie an.

Quelle: Gerd Müller/Gaby Moskau: „Das präventive Elterntraining". Familienleben als Lernprozess

Der Zusammenhang zwischen Verhalten und Zuwendung

Das Geheimnis, warum Kinder das tun, was sie gerade nicht tun sollen, ist nun etwas gelüftet. Als Erzieher wenden Sie sich genau diesem (unerwünschten Verhalten) zu, welches Sie in der Regel stört. Diese Zuwendung kann über die Augen (fragender Blick), über die Mimik (Zornesfalte auf der Stirn), über die Gestik (der erhobene Zeigefinger), über die Körperhaltung (sich hinstellen und Fäuste in die Hüfte stemmen) und über die Art und Weise, wie Sie sprechen (Wiederholungen, Ermahnungen, Tadeln), stattfinden. Damit bekommt das unerwünschte Verhalten Ihres Kindes besondere Beachtung. Verhält sich Ihr Kind später wieder „normal", werden Sie denken: „Gott sei Dank, dieser Tobsuchtsanfall ist wieder vorüber" oder: „Na endlich zieht er sich jetzt an." Dieses erwünschte Verhalten ist für Sie jetzt selbstverständlich, also werden Sie es nicht mehr besonders beachten oder erwähnen. Doch genau das ist falsch, denn hier liegt die Ursache für die berühmte Erziehungsfalle! Für jedes Verhalten, das nicht erwünscht ist, bekommt ein Kind (ebenso ein Erwachsener) meist Beachtung in Form von Ermahnen, Tadeln, Schimpfen, Kritik oder schlechten Noten. Meist heißt es dann: „Du sollst nicht so schmatzen." „Du bist unordentlich." „Warum tust du nicht, was ich dir gesagt habe?" „Du bist ein Quälgeist" usw. Kommen Ihnen diese Sätze bekannt vor? Vielleicht aus Ihrer Partnerschaft? Positives Verhalten Ihres Kindes bekommt dagegen nur selten

Zuwendung. Dass sich daraus Konflikte ergeben können, wird oft verkannt. Allzu viel Kritik frustriert Eltern und Kind gleichermaßen und löst Widerstand aus. Wenn Sie dagegen daran denken, Ihr Kind öfter mal zu loben, werden Sie damit Wunder bewirken: Ihr Kind wird kooperativer werden und wieder mehr positives Verhalten zeigen.

Verhalten wird durch Zuwendung verstärkt

Erziehung bedeutet Verhalten verändern und über Zuwendung lenken. Zuwendung, positiv gesehen, verstärkt und baut Verhalten auf oder es hilft dem Kind, völlig neues Verhalten zu lernen. Zuwendung kann jedoch auch schädlich auf das Verhalten eines Kindes wirken: Es kommt sehr darauf an, welche Qualität Ihre Zuwendung dabei hat, ob sie positiv oder negativ ist und auf welche Art von Verhalten – erwünscht oder unerwünscht – sie erfolgt.

Zuwendung (Verstärkung) hält Verhalten aufrecht.

Negative Zuwendung

Eltern neigen im alltäglichen Erziehungsalltag zu Formen der negativen Zuwendung, vor allem, wenn die Kinder älter werden und immer mehr Widerstand gegenüber elterlichen Anforderungen zeigen. Sie werden sich dabei ertappen, dass Sie nicht nur einmal rufen, sondern mehrmals, dass Sie Ihr Kind immer wieder auffordern, bestimmte Dinge zu tun oder dass Sie beginnen zu schimpfen, wenn etwas immer wieder nicht klappt. Oder Sie vergleichen Ihr Kind mit dem Nachbarkind. Eine andere Form der negativen Zuwendung ist die Drohung: „Wenn du nicht sofort aufhörst, Krach zu machen, dann …" Sie machen Ihrem Kind vielleicht auch Vorwürfe, dass es so widerspenstig ist. Und wenn Sie sich gar nicht mehr zu helfen wissen, geben Sie Ihrem Quälgeist schon mal einen Klaps auf die Hand oder den Po. Sie würden Ihrem Kind niemals einen Klaps geben? Auf keinen Fall erfährt Ihr Kind von Ihnen negative Zuwendungen? Toll, wenn Sie sich das vorgenommen haben. Doch bedenken Sie, dass negative Zuwendung häufig auch über die Sprache, über den Tonfall und über die Mimik stattfindet. Damit tragen Sie dazu bei, dass das kindliche unerwünschte Verhalten, das Sie ja eigentlich verändern wollen, eher noch gestärkt wird. Möglicherweise tritt es nun noch häufiger auf und kann erst durch massive negative Zuwendung (Schreien oder Strafen) unterbrochen werden (siehe Verhaltensprotokoll von Anna, Seite 141).

Negative Zuwendung festigt unerwünschtes Verhalten.

Positive Zuwendung

Fallen Ihnen positive Formen der Zuwendung ein? Es gibt in der Tat eine Menge Möglichkeiten der positiven Zuwendung. Beispielsweise können Sie Ihr Kind freundlich anschauen, ihm zulächeln, mit dem Kopf zunicken, zuhören, sie können es ermuntern: „Du kannst das" „Probier es noch einmal". Sie können ihm über den Kopf streicheln, ein Küsschen geben, es in den Arm nehmen, sich zu Ihrem Kind hinknien oder hinsetzen (damit Sie auf der gleichen Ebene sind). Und weiter: Blickkontakt halten, loben, Belohnung ankündigen, etwas zusammen unternehmen oder spielen, dem Kind eine Geschichte vorlesen, im Bad ein Zähneputzspiel erfinden usw.

Positive Zuwendung erhält erwünschtes Verhalten aufrecht und fördert es.

Mal ganz ehrlich: Wie häufig am Tag wenden Sie sich Ihrem Kind positiv zu und wie häufig eher negativ? Vielleicht denken Sie jetzt: „Wie soll ich mich meinem Kind denn positiv zuwenden, wenn es gerade mal wieder einen schlimmen Trotzanfall hatte oder öfter am Tag seine Wut an mir auslässt?

Durch Selbstbeobachtung werden Sie sicher schon entdeckt haben, dass selbst der größte Zornickel und der wildeste

Rebell liebenswerte Eigenschaften zeigt. Schärfen Sie also Ihren Blick für erwünschtes Verhalten Ihres Kindes und positive Zuwendungsmöglichkeiten.

> Nehmen Sie erwünschtes Verhalten wahr und stärken Sie es mit positivem Verhalten.

Versuchen Sie, negatives, unerwünschtes Verhalten Ihres Kindes nicht mehr in den Mittelpunkt zu stellen. Und vermeiden Sie vor allem, es mit negativer Zuwendung zu verstärken. So wird negatives Verhalten auch allmählicher weniger auftreten. Das klingt sehr simpel, aber es wirkt! Probieren Sie es aus. Je mehr Sie sich freundlich und positiv Ihren Mitmenschen zuwenden, umso mehr bekommen Sie positives Verhalten zurück!

Unerwünschtes Verhalten nicht beachten

Es gibt noch eine dritte Möglichkeit, Verhalten zu beeinflussen: Bei bestimmten, spezifischen Verhaltensweisen (z. B. Schimpfwort) sollten Sie versuchen, dieses Verhalten gar nicht mehr zu beachten. Doch denken Sie daran: Gemeint ist hier das böse Wort und keinesfalls das Kind! Sobald dieses spezifische Verhalten nicht mehr verstärkt wird, kann es ganz in den Hintergrund rücken und wird abgebaut werden. Keine Zuwendung bedeutet: keinerlei Blickkontakt, keine Miene verziehen (auch wenn Ihr Kind fünfmal „Arschloch“ sagt), keine Antwort mehr geben (wenn Ihr Kind zum fünften Mal bettelt: „Ich will die Schokolade haben“ und Sie ihm einmal gesagt haben, dass es vor dem Essen keine Schokolade mehr gibt).

Wenn Ihr Kind merkt, dass es Sie nicht mehr provozieren oder erweichen kann, wird es dieses Verhalten einstellen. Denn was nicht wirkt und keinen Erfolg hat, ist auf die Dauer langweilig. Keine Zuwendung geben fordert aber von Ihnen ein sehr konsequentes elterliches Verhalten. Würden Sie z. B. nach fünfmal Betteln doch nachgeben: „Also komm her, du Quälgeist, dann bekommst du eben ein Stück Schokolade, damit du Ruhe gibst“, dann hätte Ihr Kind gelernt: „Ich muss nur lange genug quengeln, dann gibt die Mami schon nach.“ Beim nächsten Mal müssten Sie damit rechnen, dass Ihr Kind sehr hartnäckig bleiben wird, denn es hat ja die Erfahrung gemacht, dass Hartnäckigkeit zum Erfolg führt. Sie sollten ebenfalls darauf eingestellt sein, dass Ihr Kind zunächst einmal sein Verhalten verstärken wird, denn es will ja sein Ziel erreichen. Wenn Sie es aber schaffen, konsequent zu bleiben, wird das Kind lernen, dass Sie es ernst meinen und sein Verhalten darauf einstellen.

Beachten Sie unerwünschtes Verhalten nicht, wird es auf lange Sicht eingestellt.

Nicht beachten heißt nicht ignorieren!

Verwechseln Sie „keine Zuwendung geben" nicht mit „ignorieren"! Denn ignorieren bedeutet, das Kind nicht mehr zu beachten, es eine Zeit lang nicht mehr sehen zu wollen Das Kind würde dies zu Recht als Liebesentzug empfinden. Der Satz „Geh weg, ich will dich nicht mehr sehen" verunsichert das Kind. Wenn es sich als Person abgelehnt fühlt, kann dies Gefühle der Angst und der Hilflosigkeit, aber auch Gefühle der Wut auslösen, je nach Temperament und Alter des Kindes. Nichts ist für ein Kind schlimmer, als wenn es um die Liebe seiner Eltern fürchten muss. Sagen Sie also bitte niemals: „Mami hat dich nicht mehr lieb, wenn du dich so aufführst." Dieser Satz kann tiefere seelische Verletzungen hervorrufen, als wenn Ihnen einmal aus einer Verärgerung heraus die Hand ausrutscht und Sie Ihrem Kind einen Klaps geben. Danach können Sie immer noch sagen: „Jetzt bin ich aber so wütend geworden, weil du mich so angeschrien hast und nach mir getreten hast. Es tut mir leid, dass ich dir einen Klaps gegeben habe." Ihr Kind würde dann sehr wohl verstehen, was die Mama so aufgeregt hat. Würden Sie ihm aber Ihre Liebe entziehen, wäre es sehr verunsichert und unglücklich. Setzen Eltern „ignorieren" häufiger als Erziehungsmittel ein, dann erreichen sie eher ein unterwürfiges, unsicheres Verhalten des Kindes. Es kann passieren, dass das Kind sein Unglücklichsein über destruktives Verhalten auslebt, was die negative Verhaltensspirale nur noch verstärken würde.

Elterliche Reaktionen wie Zuwendung oder keine Zuwendung geben sollten sich immer auf ein beschreibbares und beobachtbares Verhalten des Kindes beziehen und nicht auf das Kind selbst. Gefühle der Liebe oder des Ärgers sollten zusätzlich zu den elterlichen Reaktionsweisen angesprochen werden, damit Mimik und Körperhaltung der Eltern dem Kind verständlicher werden.

Beobachten Sie aber auch die Mimik und die Körperhaltung Ihres Kindes, versuchen Sie die hinter dem kindlichen Verhalten liegenden Gefühle und Motive zu verstehen und anzusprechen. Damit helfen Sie sich selbst und Ihrem Kind schneller aus einer negativen Verhaltenskette wieder heraus. Sie werden auch eher wieder fähig sein, ihm eine positive Zuwendung zu geben.

Die Mutter könnte z. B. sagen: „Ich sehe, du bist jetzt enttäuscht. Ich möchte aber, dass du vor dem Essen nicht mehr naschst. Später darfst du ein Stück haben. Hilf mir doch, den Tisch zu decken.“ Das Kind hat zwar gehört, dass es jetzt nichts bekommt, aber es fühlt sich verstanden und braucht seine Enttäuschung nicht mehr mit Schreien oder weiterem Betteln auszudrücken. Dafür hat die Mutter ihm ein Angebot gemacht: Die Schokolade bekommt es nach dem Essen. Außerdem gibt sie dem Kind einen kleinen Auftrag und bittet es um Mithilfe (positive Ablenkung).

Auswertung des Verhaltensprotokolls

Die Art und Weise, wie Sie mit Ihrem Kind umgehen, hat also durchaus Einfluss auf das kindliche Verhalten. Jetzt werden Sie besser verstehen, warum eine Selbstbeobachtung notwendig ist, bevor Sie an ein verändertes Erziehungsverhalten denken können. Schauen Sie sich noch mal das Verhaltensprotokoll von Anna an: Annas Mutter möchte, dass Anna kooperativer mitarbeitet, wenn sie unter Zeitdruck steht. Sie hat dieses Ziel aber noch nicht erreicht. Sie sollte sich nun ihr Verhaltensprotokoll noch einmal anschauen und sowohl die Verhaltensweisen ihres Kindes als auch ihre eigenen Reaktionen unter folgenden Gesichtspunkten bewerten:

Zuwendung verstärkt Verhalten

Welches Verhalten meines Kindes verstärke ich eigentlich, erwünschtes oder unerwünschtes? Wie wende ich mich meinem Kind zu? Mit positiver oder negativer Verstärkung? So wird Annas Mutter deutlich in ihrem Protokoll feststellen, dass sie überwiegend mit negativer Zuwendung auf unerwünschtes Verhalten reagiert. Wenn sich etwas an dem kindlichen Verhalten ändern soll, wird sie also zukünftig darauf achten, dass sie unerwünschte Verhaltensweisen ihres Kindes (wie Schreien, Um-sich-Schlagen, Treten) nicht noch verstärkt. Sie wird aber auch an sich selbst arbeiten müssen, damit sie nicht immer wieder unter Zeitdruck gerät, der sie nervös und ungeduldig werden lässt. Wie kann sie also vor allem die hier nicht ganz günstige Ausgangssituation günstiger gestalten, so dass Anna gar nicht erst in Widerstand gehen muss? Annas Mutter entscheidet, sie möchte zukünftig eher anfangen, Anna auf ein Weggehen, auf einen Termin vorzubereiten. Da Anna ja noch kein Zeitgefühl und kein Verständnis für die Uhr hat, muss sie also versuchen, Anna zu einem kooperativen Verhalten zu verleiten. Da Anna sich schon selbstständig anziehen kann, versucht sie dieses Verhalten erst einmal positiv zu verstärken. Die veränderte Situation und damit eine veränderte Szene könnte also folgendermaßen ablaufen:

Mutter: „Anna, ich weiß, du kannst dich so schön alleine anziehen, da bin ich sehr stolz auf dich. Heute müssen wir beide zum Arzt und haben nicht so viel Zeit wie sonst. Ich möchte, dass wir uns aber nicht mehr streiten, und deshalb stelle ich dir hier einen großen Wecker hin. Wenn der Zeiger bei 9.00 Uhr ist (die Mutter zeigt Anna die Stelle), müssen wir zwei fertig angezogen sein. Fang du schon mal alleine an, und die Mama hilft dir vielleicht bei der Latzhose. Einverstanden?" Anna nickt und schaut die Mutter an.

Mutter: „Darf deine Katze auch mit zum Arzt?"
Anna nickt noch mal und lächelt die Mutter an.
Mutter: „Hinterher gehen wir noch eine Brezel kaufen."
Anna: „Und auch ein Eis, Mami?"

Die Mutter lacht und sagt: „Ja, schauen wir mal, jetzt müssen wir uns aber erst mal ganz schnell anziehen." Anna beginnt mit einem Fuß in die Unterhose zu steigen. Mutter: „Prima, du fängst schon an. Jetzt werde ich mich auch beeilen und mich mit dir zusammen anziehen."

Was ist bisher in dieser Szene anders abgelaufen als vorher? Annas Mutter hat versucht, ihrem Kind eine positive Zuwendung für ein erwünschtes Verhalten zu geben. Danach gab sie einen klaren Hinweis auf die Zeit und machte diese durch den Wecker für das Kind sichtbar. Die Aufforderung, sich anzuziehen, verband sie mit der positiven Hilfestellung: „Zieh dich schon mal alleine an". Der Hinweis, dass die Mutter ihr später helfen wird, gibt Anna die Gelegenheit, sich darauf einzustellen. Sie wird also nicht durch die Hilfe der Mutter „überfallen". Für die Mitarbeit des Kindes stellt sie Anna eine angenehme Belohnung in Aussicht (Katze mitnehmen und Brezel kaufen). Da sich die Mutter entschlossen hat, bei Anna zu bleiben und sich mit ihr zusammen anzuziehen, hat sie Anna im Blick und kann sie immer wieder freundlich auf den Zeiger aufmerksam machen. Sie könnte damit ihrem Kind kurze Hilfestellung geben, wenn dies nötig wäre (z. B. „mach noch den Knopf zu", „fang schon mal mit dem Pulli an"). Sie kann Anna auch immer wieder positiv verstärken: „Fein, Anna, wie gut du das machst." Anna wird wahrscheinlich viel mehr Freude haben, mitzumachen und zu zeigen, dass sie das gut kann, denn die gesamte Situation ist diesmal viel entspannter. Anna wird nicht mehr unter Druck gesetzt und hat außerdem die Mutter noch bei sich: Die Mutter beachtet sie und redet mit ihr. So fühlt sie sich im Mittelpunkt und bestätigt und wird kooperativer sein.

FAZIT:

Fangen Sie bei sich selber an

Jede Situation, jedes Kind, jeder Elternteil ist verschieden. Somit auch immer die Gefühle, Motive und Ziele, die hinter einem Verhalten stehen können. Deshalb gibt es keine fertigen Lösungsrezepte bei den alltäglichen kleinen Erziehungskonflikten. Wenn Sie möchten, dass sich in dem Verhalten Ihres Kindes etwas verändern soll, dann verinnerlichen Sie sich die „Erziehungshilfen für die Eltern“... und fangen Sie erst einmal bei sich selber an.

Es wird sich sicherlich Einiges in Ihrem Erziehungsalltag positiv verändern, wenn Sie Folgendes zu tun bereit sind:

- Erstellen der Selbstanalyse
- Beantworten der vier W-Fragen
- Beschreiben und Beobachten der Verhaltenskette (ABC-Protokoll)
- Bewerten der kindlichen und elterlichen Verhaltensweisen nach den lernpsychologischen Erkenntnissen, wie Zuwendung wirkt

Außerdem werden wieder mehr positive Energien frei werden, denn negative Zuwendung kostet Nerven, negative Verhaltensweisen kosten Kraft. Und auch Ihr Kind wird sich wohler fühlen, wenn es sich verstanden fühlt. Anschließend noch ein paar Tipps, damit Sie Erfolg mit Ihrem veränderten Erziehungsverhalten haben können:

Tipps für elterliches Verhalten

- Verstärken Sie erwünschtes Verhalten sofort positiv.
- Sagen Sie Ihrem Kind genau, welche Verhaltensweisen Ihnen gefallen (Verhaltensbeschreibung).
- Erwähnen Sie unerwünschtes Verhalten nur einmal („Ich möchte nicht, dass du ...“, „Hör auf mit ...“). Danach auf das unerwünschte Verhalten nicht mehr eingehen, also nicht mehr verstärken. Einmal Nein sagen genügt! Einmal Rufen genügt!
- Versuchen Sie, mehr positive Zuwendung zu geben, einfach so im Alltag ohne besonderen Anlass oder Wenn-dann-Bedingungen.
- Bleiben Sie ruhig und sachlich im Ton, teilen Sie aber Ihre Gefühle mit. Sprechen Sie auch die vermuteten Gefühle oder Ziele Ihres Kindes an und zeigen Sie vor allem Geduld in der Trotzphase.
- Unterscheiden Sie, wenn sich Ihr Kind unerwünscht verhält, ob es dies mit Absicht macht, um Sie zu ärgern oder Sie zu provozieren, oder ob es in seiner Emotion gefangen und eher hilflos ist (Trotz).

- Handeln ist oft besser als viel reden (z.B. Streithähne trennen statt schimpfen, die schlagende Hand festhalten statt selber schlagen).
- Wenn Ihr Kind in einer neuen Situation unerwünschtes Verhalten zeigt (z.B. auf dem Spielplatz), bestrafen Sie es nicht, sondern helfen Sie ihm, damit es lernt, friedlich auf ein anderes Kind zuzugehen und mit ihm zu spielen. Verstärken Sie diese neuen Verhaltensweisen, üben Sie mit Ihrem Kind in kleinen Schritten: Julia hält Heike die Schaufel hin, Julia backt neben Heike Sandkuchen mit ihren Förmchen, Julia sagt: „Ich mag den Eimer haben"…
- Sollten Sie einmal doch nicht umhinkommen, mit Ihrem Kind zu schimpfen, dann sollten Sie dies kurz und sachlich tun. Beschimpfen Sie die Tat und nicht das Kind.
- Lenken Sie Ihr Kind ab, loben Sie es und sagen Sie ihm, welches Verhalten Sie sich von ihm wünschen. Unterbrechen Sie negative Verhaltensketten eher durch Handeln: Teller wegnehmen, wenn das Kind darin herumpatscht; warten Sie, bis es sich wieder erwünscht verhält. Oder wie bei dem Beispiel mit Julia: Halten Sie die Hand des Kindes fest, wenn es hauen will, und sagen Sie: „Nein, das tut der Heike weh. Gib ihr doch die Schaufel, dann gibt sie dir sicher auch den Eimer."
- Seien Sie nicht nachtragend und reagieren Sie niemals mit Liebesentzug. Suchen Sie tagtäglich immer wieder nach positiven Verstärkern (es gibt so viele Möglichkeiten). Damit sind Sie auch ein positives Vorbild und werden letztlich durch das geänderte Verhalten Ihres Kindes belohnt, wenn Ihr Kind zu Ihnen sagt: „Mami, ich hab dich so lieb".

Grenzen setzen, aber wie?

„Alles recht und gut“, denken Sie jetzt vielleicht. „Ich sehe ein, dass Verhalten in Wechselwirkung steht und dass ich als Mutter oder Vater durchaus positiv oder negativ auf das kindliche Verhalten in bestimmten Situationen einwirken kann. Erziehen beinhaltet aber doch viel mehr als nur Verhalten zu steuern?“ Richtig. Im ersten Kapitel hieß es: Die ersten Jahre lernt Ihr Kind über Nachahmung die alltäglichen Umgangsformen mit Hilfe seiner Familie und die sozialen Regeln, die in der Gesellschaft, in der es lebt, bestehen. Die Emotionen und seine angeborene Bereitschaft, sich impulsiv durchzusetzen, soll das Kind zeigen dürfen. Aber es soll in den ersten Jahren auch lernen, diese Durchsetzung in erträglichem Maß auszuleben. Dazu benötigt Ihr Kind also Gebote und Verbote, die ihm zeigen, wo die Grenzen liegen, und dass nicht immer alles nach seinem Willen gehen kann. Sie wollen ja später keinen kleinen Tyrannen in Ihrer Familie.

Mit einer demokratischen Erziehungseinstellung werden Sie als Eltern eine positive Grundeinstellung entwickeln und Ihr Kind als kleine eigenständige Persönlichkeit mit seinen Emotionen und seinem Willen respektieren. Sehr häufig muss dabei ein Mittelweg zwischen Verständnis, Nachsicht und konsequentem Einhalten von Grenzen gefunden werden. Das ist anstrengend. Im ersten und zweiten Kapitel dieses Ratgebers konnten Sie viel darüber erfahren, was in einem Kind alles an emotionell gesteuerten Verhaltensweisen stecken kann, wenn es vom Trotz überfallen wird oder sich aggressiv verhält. Sie sollten dabei immer das Alter Ihres Kindes berücksichtigen. Nachsicht werden Sie zeigen können, wenn Sie die Bedürfnisse Ihres Kleinkindes erkennen. Weil es z. B. müde ist und deshalb überreizt reagiert oder hungrig ist und deshalb grantig wird. Weil es auf den Arm genommen werden möchte, da es nicht mehr laufen kann usw. Sich konsequent verhalten bedeutet, zu der Einhaltung von Grenzen stehen, also dem Kind klare Gebote nennen: „Du sollst deine Schwester nicht hauen. Wir wollen in unserer Familie nicht schlagen, auch Papa und Mama nicht" oder, wenn es um die Sicherheit des Kindes geht: „Bleib am Straßenrand stehen und gib mir deine Hand."

Klare Regeln aufstellen

Versuchen Sie im Vorschulalter Ihres Kindes nicht mehr als vier bis fünf Gebote (besser als Verbote) aufzustellen, die für Ihr Kind nachvollziehbar und einsehbar sind. Hält Ihr Kind diese Gebote ein, wird es darin positiv bestärkt werden. Will es aber die Grenzen austesten, wie weit es Ihnen überhaupt ernst damit ist, müssen Sie mit ihm reden. Sagen Sie ihm, dass diese Grenzen für Sie als Eltern, aber auch für die Gesundheit oder Sicherheit des Kindes wichtig sind. Erklären Sie Ihrem Kind auch die logischen Folgen, also, was passieren kann, wenn es diese Grenzen nicht einhält. (Wenn es einfach über die Straße läuft, kann es überfahren werden und sich sehr weh tun.) Es wird sicher aber auch vorkommen, dass Ihr Kind mit Geschrei und zusätzlichen aggressiven Angriffen seinen Willen um jeden Preis durchsetzen möchte, die Grenze also nicht akzeptiert. Bleiben Sie dann eisern und verstärken Sie diese rebellischen Verhaltensweisen nicht durch Schimpfen oder Bestrafen. Denken Sie immer daran: Je kleiner Ihr Kind ist, desto spontaner und impulsiver wird es reagieren.

Helfen Sie ihm lieber, eine Frustrationstoleranz aufzubauen. Ein Wunsch kann nicht immer sofort erfüllt werden, aber vielleicht später. Wenn es ein bestimmtes Kleidungsstück nicht anziehen will, dann darf das Kind wählen zwischen zwei Hosen, die ihm gefallen, oder wenn es nicht mehr still bei Tisch sitzen will, können Sie es fragen: „Möchtest du mit uns am Tisch sitzen bleiben oder schon zum Spielen gehen?“ Helfen Sie Ihrem Kind, Entscheidungen mit zu treffen, so wird es lernen, Schritt für Schritt sein Verhalten selbst besser steuern zu können.

Zu viele Neins vermeiden

Mit zu vielen Neins bewirken Sie das Gegenteil: Ihr Kind nimmt Sie nicht mehr ernst, weil es die dahinter stehenden Regeln oder elterlichen Grenzen nicht mehr erkennen kann. Erklären Sie Ihrem Kind also immer wieder deutlich, wenn Sie nein sagen, warum es etwas tun oder lassen soll. Bleiben Sie dann aber auch konsequent bei Ihrem Nein und zeigen

Sie Ihrem Kind damit, dass es Ihnen ernst ist. Kinder merken schnell: Wenn Eltern nur halbherzig nein sagen und schließlich meist nachgeben, kommen sie letztendlich doch zu ihrem Ziel – sie müssen nur hartnäckig genug sein. Es spielt auch eine Rolle, ob eine Sache oder ein Ding verboten wird (keine Schokolade) oder ob Ihr Kind eher das Gefühl bekommt, dass es durch zu viele Neins abgelehnt wird. Zu viele Einschränkungen und Verbote können Ihr Kind also eher vermehrt zu Trotzanfällen oder Wutreaktionen verleiten.

Überlegen Sie sich deshalb zusammen mit Ihrem Partner, welche Verbote in welchem Alter Ihres Kindes für Sie sehr wichtig und notwendig sind; und welche für Ihr Kind vielleicht noch zu schwer verständlich sind und welche es somit kaum einsehen kann. Ein typisches Verbot wie „Spiel nicht mit dem Essen, Essen ist kein Spielzeug“ ist zwar in Ihren Augen richtig, aber es gibt für ein Kleinkind nichts Schöneres, als glitschige Nudeln anzufassen oder eine lange Nudel über den Tisch zu ziehen oder schlürfend in den Mund zu saugen. Das Dreijährige wird schon eher Freude daran haben, die Nudeln so zu essen wie die Eltern, denn jetzt möchte es ja schon groß sein. Essen sollte Spaß machen, und wenn Kinder tagtäglich beim Essen ausgeschimpft werden, kann es passieren, dass ihnen buchstäblich der Appetit vergeht und sie womöglich Essstörungen entwickeln. Zu viele Verbote und Einschränkungen schaden der kindlichen Entwicklung. Ein Kind kann das Essen plötzlich ganz verweigern. Oder wenn es beim Zubettgehen immer wieder ausgeschimpft wird, wird es vor dem Schlafengehen Angst und Abneigung entwickeln, und das abendliche Theater wird nur noch schlimmer.

Ihr Kind begreift Gebote oft erst, wenn es eine Erfahrung gemacht hat. Das bloße Verbot „Nein, fass die Herdplatte nicht an, nimm die Finger weg" wird nicht viel bringen, weil das Kind das Verbot nicht einsieht. Effektiver ist es, Sie lassen Ihr Kind mal seine Hand kurz über die heiße Platte halten und sagen dann: „Pass auf, heiß, es macht aua." So wird Ihr Kind das Nein verstehen: Es hat ja die Hitze gespürt. Gerade Kleinkinder müssen erst viele Erfahrungen machen, um letztlich die Regeln der Erwachsenen „begreifen" zu können.

TIPP: Stellen Sie wenig Verbote auf, halten Sie Grenzen aber konsequent ein.

Strafen haben Nebenwirkungen

Viele Eltern meinen immer noch, ohne Strafe geht es nicht in der Erziehung. „Mein Kind nimmt mich sonst nicht ernst und tanzt mir eines Tages auf dem Kopf herum." Gerade wenn Kinder Verbote nicht einhalten, werden Eltern schnell ärgerlich, beginnen zu schimpfen oder bestrafen ihr Kind. Schimpfen und Bestrafen sind aber negative Zuwendungen, die das „ungehorsame“ Verhalten eher noch verstärken. Es wird sich also nichts verändern. Wenn Sie Ihr Kind strafen, mag das zwar momentan wirken und zeigt auch Ihrem Kind, dass es Ihnen jetzt sehr ernst ist. Meist lernt es dabei nicht, was es falsch gemacht hat und welches Verhalten richtig wäre. Zu hohe Strafen können übrigens Nebenwirkungen auslösen. So kann sich bei Ihrem Kind eine Angst vor der strafenden Person entwickeln. Es wird dann bei dieser Person zwar die Grenzen einhalten (z. B. das Baby nicht zu kneifen), kaum ist diese Person aber aus dem Zimmer, wird es dieses Verhalten wahrscheinlich wieder zeigen. Es hat möglicherweise nicht verstanden, was es statt Kneifen tun soll, und vielleicht ist es ja auch eifersüchtig auf den kleinen Eindringling. Hier braucht ein Kind also eher das Verständnis und die Hilfe seiner Eltern. Strafen, z. B. ein Klaps auf den Po oder gar ins Zimmer einsperren, würde die Fronten nur verhärten und dem Kind das Gefühl geben: „Papa und Mama haben das Baby viel lieber als mich.“ Eine positive Hilfestellung wäre gegeben, wenn Mutter oder Vater sich viel Zeit nehmen für ihr Erstgeborenes und ihm zeigen, wie es mit dem Baby umgehen kann. Vielleicht darf es ja helfen, das Baby zu füttern und es zu baden. Dabei können sie sich ihrem Erstgeborenen immer wieder positiv zuwenden, und das Kind kann seine Eifersucht langsam abbauen. Durch das Kneifen wollte es ja eigentlich auf sich aufmerksam machen.

Strafen können bei dem Kind auch vermehrt Aggressionen auslösen. Ein Kind bestrafen bedeutet letztendlich: „Ich bin als Erwachsener der Mächtigere und setze das Kind unter Druck." Das Kind wird diesen Druck weitergeben an andere schwächere Personen oder Tiere oder seine Wut an Gegenständen auslassen, meist in Form von zerstörerischen Aggressionen. Genau diese Verhaltensweisen wollten Sie aber vermeiden. Deshalb sollten Sie versuchen, in der Erziehung möglichst ohne größere Strafmaßnahmen auszukommen. Letztlich sind sie ein elterliches Machtinstrument und werden häufig aus einer Unsicherheit und Hilflosigkeit eines Elternteils heraus durchgezogen oder auch aus Verärgerung und Frustration. Als Erwachsener sind Sie damit ein schlechtes Vorbild, denn Ihr Kind wird lernen: Konflikte werden über Macht gelöst. Der Stärkere siegt.

TIPP: Versuchen Sie, mit möglichst wenig Strafe auszukommen, denn Strafe hat negative Auswirkungen.

Wenn Strafe sich nicht vermeiden lässt, dann sollte sie kurz und auf die Sache bezogen erfolgen und sich nicht über einen längeren Zeitraum hinziehen. Darunter versteht man, dass ein Kind zur Strafe für eine Ungezogenheit z. B. den ganzen Nachmittag zu Hause bleiben muss; oder es darf eine Woche lang nicht fernsehen – das Kind hat im Prinzip keine Chance mehr für positives Verhalten. Das kann wiederum neue Enttäuschungen, neue Frustrationen auslösen und damit auch wieder neues, negatives Verhalten, also einen negativen Kreislauf, den man vermeiden sollte.

Überzeugen statt verbieten

Je älter Ihr Kind wird, desto mehr können Sie auf seine Einsicht bauen. Ihr Kind kann langsam logische Zusammenhänge erkennen (z. B. „Wenn ich im Winter barfuß auf die Straße gehe, bekomme ich kalte Füße und friere.") Hat es bestimmte Erfahrungen schon einmal gemacht, wird es sich selbst besser einschätzen können. Mit älteren Kindern (zwischen drei und vier Jahren) können Sie auch schon Kompromisse aushandeln, wie z. B.: „Erst gehen wir zum Zahnarzt, und dann darfst du mit deiner Freundin auf den Spielplatz." Sie können mit Ihrem Kind durchaus auch ein Konfliktgespräch führen, wenn Sie erleben, dass Sie sich immer wieder über eine bestimmte Situation ärgern müssen. „Du hast heute schon dreimal das Baby gekniffen. Das ärgert mich und macht mich traurig. Warum tust du das? Ich hab dir doch schon so oft gesagt, dass du es nicht machen sollst. Glaubst du denn, Mama und Papa haben das Baby lieber als dich?" Ihr Kind kann sich mit diesem Gespräch nun entweder verstanden fühlen in seiner Eifersucht oder es sagt Ihnen vielleicht: „Ach, Mama, es macht mir einfach Spaß. Wenn ich das Baby kneife, fängt es an zu schreien. Das finde ich lustig." Die Mutter kann dann mit ihrem Kind zusammen überlegen, was es für Möglichkeiten gibt, auf andere Weise Spaß mit dem Baby zu haben. Sie sollte ihr Kind dabei auch fragen, was es denn selber für Ideen hat. Vierjährige können schon erstaunlich gut begründen, warum sie bestimmte provozierende Verhaltensweisen zeigen, und haben meist auch Veränderungsvorschläge parat. Wenn Sie mit Ihrem Kind so ein ernstes Gespräch führen, wird es allmählich lernen, dass man Konflikte auch über Nachdenken und Sprechen lösen kann und dass es ernst genommen wird. Somit wird es sich künftig kooperativer verhalten.

Kinder wollen ernst genommen werden.

Tipps für elterliches Verhalten

- Nehmen Sie sich im Alltag immer wieder Zeit, Ihrem Kind zuzuhören, und versuchen Sie auch, hinter die Worte Ihres Kindes zu hören. Das gilt vor allem, wenn es emotionell erregt ist.
- Begeben Sie sich in seine Augenhöhe, damit Sie es bei dem Gespräch ansehen können. Ein großer schimpfender Erwachsener hat auf ein kleines Kind eine sehr bedrohliche Wirkung. Es wird sich deshalb eher erst mal schützen und wehren wollen.
- Geben Sie Ihrem Kind auch immer klare Botschaften, also keine „Jeins“. Wenn Sie zu Ihrem Kind sagen: „Komm auf meinen Schoß“ und dabei Ihren Kopf in

die Zeitung stecken, ist das eine doppelte Botschaft. Eigentlich hat Papa gesagt: „Komm her“, aber andererseits möchte er in Ruhe lesen. Nehmen Sie sich lieber kurz Zeit für Ihr Kind, und seien Sie dann auch voll für es da. Nach einer Weile können Sie ihm sagen: „Jetzt möchte ich in Ruhe meine Zeitung lesen. Bitte stör mich nicht.“ Ihr Kind wird jetzt bereit sein, Ihnen diese Bitte zu erfüllen, denn es hat ja vorher die volle Zuwendung bekommen.

– Wenn es Ihnen mit einer Grenze, einem Verbot ernst ist, sollten Sie es auch mit ernster Stimme und ernster Mimik zum Ausdruck bringen. Wie häufig sagen gerade Eltern von Kleinkindern ein lächelndes Nein und wundern sich, wenn diese Neins gar nicht wirken. Ihre Kommunikation mit dem Kind sollte also stimmig sein. Wenn Sie verärgert sind, dann wird Ihr Kind dies auch an der Stimme und Körperhaltung erkennen.
– Sie können ihm Ihre Verärgerung auch als „Ich-Botschaft“ vermitteln: „Ich ärgere mich, dass du den Stuhl umgeworfen hast.“ Kleinkinder können sehr verunsichert werden, wenn ihre Eltern mit normaler Stimme sprechen, sie aber an der Mimik und der Körperhaltung Emotionen spüren, die nicht zur Stimme passen. Fühlt sich der Vater gestört, weil er nicht Zeitung lesen kann, schaut er ärgerlich und sagt dann noch: „Du bist aber heute wieder schrecklich“, wird sich das Kind eher abgelehnt fühlen und den zornigen Gesichtsausdruck bedrohlich erleben. Sagt der Vater aber: „Bitte stör mich jetzt nicht. Ich möchte in Ruhe meine Zeitung lesen, nachher spiele ich mit dir. Es ärgert mich, wenn du mich immer wieder störst“, dann wäre dies für das Kind eine klare, nachvollziehbare Botschaft.

Sollten Sie sich durch die Trotz- und Wutreaktionen Ihres Kindes überfordert fühlen, vor allem, wenn dazu noch erschwerte Lebensumstände kommen – wie eine bevorstehende Trennung, eine Krankheit des Kindes oder eine Behinderung –, haben Sie dann auch den Mut, sich professionelle Hilfe zu holen.

Der Familiencheck

In der Erziehung tun wir immer so, als ob alles bestens funktioniert. Und gerade Frauen setzen sich sehr häufig unter Druck: „Ich muss alles wissen. Ich muss immer richtig reagieren. Ich muss eine gute Mutter sein." Da aber an einem Familienleben mehrere Menschen beteiligt sind, mit unterschiedlichsten Gefühlen und Charakteren, ist es völlig normal, wenn man immer wieder auch an seine Grenzen stößt. Deshalb ist es wichtig, vielleicht so einmal im Monat, einen „Check" zu machen und sich mit seinem Partner und den älteren Kindern (ab vier Jahre) folgende Fragen zu stellen:

- Fühle ich mich jetzt in meiner Familie wohl und sicher?
- Wie geht es mir in meiner Erzieherrolle?
- Wie geht es mir augenblicklich persönlich, bin ich entspannt oder eher überlastet?

- Wie geht es mir mit meinem Partner? Verstehen wir uns gut und sind uns in Erziehungsfragen einig? Oder streiten wir zu viel und warum?– Wie geht es meinem Kind/meinen Kindern? Machen sie einen zufriedenen Eindruck? Oder sind sie eher auffällig durch störende Verhaltensweisen?
- Wenn es zur Zeit Probleme gibt, was sind die Auslöser, die Ursachen? Welchen Zusammenhang können wir erkennen?
- Was können wir als Familie verändern?
- Was kann jeder dazu beitragen?

Hilfe von außen annehmen

Hilfsangebote erhalten Sie durch einen Entspannungskurs, über den Babysitterdienst oder Leihomas, von einer verständnisvollen Freundin oder der Kleinkindgruppe. Zögern Sie auch nicht, sich Rat in einer Familienbildungsstätte oder einer familientherapeutischen Praxis zu holen (siehe Anhang). Welche Hilfe die richtige ist, hängt von der familiären Situation ab und von Ihrer momentanen körperlichen und seelischen Verfassung.

Schlusswort

Erziehen ist also tatsächlich nicht immer leicht – sowohl Ihr Kind als auch Sie selbst werden jeden Tag von neuem dazulernen müssen. Vielleicht hilft Ihnen aber die eine oder andere Anregung, damit Sie Ihre Familie im Hier und Heute so demokratisch wie möglich lenken können. Sicher werden sich Erziehungskonflikte und die damit verbundenen Enttäuschungen nicht ganz vermeiden lassen. Sie werden aber künftig die vielen positiven Seiten Ihres Kindes und Ihres Partners deutlicher sehen und auch besser erkennen können, warum es zu Konflikten gekommen ist. Sie kennen nun die verschiedenen Veränderungsmöglichkeiten, die Ihnen helfen mögen, dass diese Konflikte weniger werden. Es gibt weder perfekte Eltern noch perfekte Kinder. Ein tägliches Sich-Bemühen lohnt sich aber. Versuchen Sie dabei, in der Gegenwart zu bleiben, und zerbrechen Sie sich nicht zu sehr den Kopf, was später sein wird.

Vielleicht trägt auch dieser Elternratgeber dazu bei, dass Erziehen mehr Spaß macht und Sie in Ruhe und mit Verständnis die Entwicklungsstufen Ihres Kindes begleiten können. Somit werden in Ihrer Familie gesunde, wenn auch manchmal anstrengende kleine Rebellen heranwachsen können, die sich dann spätestens um das sechste Lebensjahr herum zu selbstständigen, selbstbewussten und seelisch stabilen Kindern entwickelt haben.

Ich hoffe, dass dieser Ratgeber in Ihrem Erziehungsalltag eine Hilfe sein kann, und freue mich über Rückmeldungen.

Doris Heueck-Mauß

Anhang

Wichtige Adressen, die weiterhelfen

Bundeskonferenz für
Erziehungsberatung e.V.
Herrnstraße 53
90763 Fürth
Tel. 0911 977140
Fax 0911 745497

Arbeiterwohlfahrt
Oppelner Straße 130
53119 Bonn
Tel. 0228 66850

Berufsverband Deutscher
Psychologinnen
und Psychologen
Heilsbachstraße 22
53132 Bonn
Tel. 0228 987310

Deutsche Arbeitsgemeinschaft für Jugend- und Eheberatung
Bundesgeschäftsstelle
Neumarkter Straße 84c 81673
München
Tel. 089 4361091
Fax 089 4311266

Evangelische
Familienberatungsstelle
Nöldnerstraße 43
10317 Berlin
Tel. 030 5220649

Katholische Bundesarbeitsgemeinschaft für
Ehe- und Familienberatung
Kaiserstraße 163
53113 Bonn
Tel. 0228 103309

Pro Familia,
Erziehungsberatung
Bodenseestraße 226
81243 München
Tel. 089 8976730

Intakte Elternschaft trotz
Trennung/Scheidung
Germersheimer Straße 26
81541 München
Tel. 089 496411

Verband alleinerziehender
Mütter und Väter
Bundesverband
Beethovenallee 7
53173 Bonn
Tel. 0228 352995

Bücher zum Weiterlesen

Rudolf Dreikurs, V. Soltz: Kinder fordern uns heraus. Klett-Cotta, Stuttgart

Thomas Gordon: Die neue Familienkonferenz. Heyne, München

Penelope Leach: Die ersten Jahre Deines Kindes. Hallwag, Ostfildern (auch als Taschenbuch)

Jirena Prekop: Der kleine Tyrann, dtv, München

Arnd Stein: Wenn Kinder aggressiv sind. Kösel, München

Stiftung Warentest: Kinder von winzig klein bis ganz schön groß, test, Stuttgart

Virginia Satir: Selbstwert und Kommunikation. Pfeiffer-Reihe. Leben lernen 18

Register

ABC-Protokoll 141, 153
Ablenkung, positive 149
Absicht, negative 59
Adrenalin 87
Affekte 58
–, kindliche 54
Aggressionen, destruktive 57 f.
Aggressionsbereitschaft 87
alleine 16
Alltagsgegenstände 61
Angst 69
Anlass 42
Anschreien 39
Ansprüche 51
Aufräumen 66
Auslöser für unerwünschtes Verhalten 136
Ausprobierenwollen 56
Autorität 38

Babyalter, Ablösung vom 50
Babysitter 26, 29, 101
Bauchweh 100
Beachtung 57
Bedürfnisse 68
–, Einschränkung von 70
beißen 55
Bequemlichkeit 111
bewerten 153
Bindung, unsichere 77
Bock 48
–, -spiel 48
Böswilligkeit 25

Denken, kindliches 47
Dickkopf 38
Drei- bis Vierjährige 56

Egoisten 64
Eifersucht 62, 69, 91
einengen 109
Einfühlungsvermögen 72
einkaufen 30
Einkaufsbummel 36
Einschlafrituale 119
Einschränkungen 51, 68, 69
Einzelkind 65, 93
Eltern
–, Selbstbeobachtung der 128
–, überbehütende 78
Elternverhalten 128
Entdeckerfreude 60
Entspannung 96
Enttäuschung 17, 39, 69, 70
Erinnerungen 47

Erklärung, entwicklungspsychologische 50
Erlauben 111
Erregung 39
–, -(s)zustand 11
Erstgeborene 90, 94
Erziehung, verwöhnende 81
Erziehungs-ABC 123
Erziehungsberatungsstelle 46
Erziehungseinstellung 107, 109
–, demokratische 156
Erziehungshilfen 105
Erziehungskonflikte 138
Erziehungsstil
–, antiautoritärer 111
–, demokratischer 114, 123
–, gemischter 113
–, lascher 112
–, materialistischer 112
–, strafender 109
–, strenger 79
Erziehungsverhalten 105
–, konsequentes 125
–, der Eltern 77
Erziehungsziele 67
Essen 24
Essverhalten 82
Experimentierphase 50

Familienberatung 99
Familiencheck 166
Familienpsychologin 46
Familienzuwachs 62
Fernsehen 101
Forscherdrang 60
Forschungsjahre 61
Frustration 69, 70
–, elterliche 115
–, -(s)toleranz 18, 53, 71, 73, 78, 108
Fürsorge 109, 117
–, übertriebene 82
Futterneid 90

Gebote 29, 126, 156
Geburt eines Geschwisterkindes 100
Gefühle 40, 120
–, der Eltern 37
Geschenke 113
Geschlechterrollen 88
Geschwister 89, 94
–, -neid 95
–, -streit 87, 95
Gestik 142
Gewaltbereitschaft 74
Gewohnheiten 26
–, feste 33
Grenzen 43, 68, 70, 74, 126
–, elterliche 50
– setzen 156

Großstadtkind 97
Grundbedürfnisse 55
Gruppenregeln 52

Halt geben 43
Hilfe 167
– holen 46
–, -stellung 66
Hilflosigkeit 120
Humor 49

Ich-Bewusstsein 11, 50
Ich-Botschaft 40
Ich-Entdeckung 17
ignorieren 148

Kindergarten 52, 57, 64, 65, 94, 99
–, -kinder 52
Kindergruppe 65
kindliche Aggressionen 54, 65, 67
Kleinkinder 58
Koller 11, 40
Kompetenz, soziale 71, 72
Konkurrenten 64, 89
Kontaktaufnahme 56, 64
Körperhaltung 142, 149
Körperkontakt 81
Krabbelalter 55
Kränkung 78

Laufalter 55
Lebensfreude 58
Lebenstrieb, angeborener 73
Lernen, soziales 123
Liebesentzug 112

Macht 50, 63
Mimik 142, 149
Missverständnis 17
Miteinanderumgehen 64
Mitgefühl 71
Mittelpunkt 41, 57, 63
Montagssyndrom 102
Müdigkeit 35

Neid 87
Nein 29, 69
Netzwerk, soziales 80
Neugierde 58
non frustration children 74

Öffentlichkeit 30
Opfer 87
Ordnungsmuster 33
Ordnungsregeln 118
Ordnungsvorstellungen 37

Persönlichkeit 115, 156
Pflichten 68

Rappel 11, 35, 44
Reaktion 58
Reflexe 124
Regeln 78, 157
Ritual 26
–, abendliches 28
Rolle 92
–, -(n)spiel 72, 80, 122, 136
Ruhepause 96

Sachzwänge 70
Sauberkeitserziehung 118
Säuglinge 58
schlafen 82
Schlafenszeit 119
Schlafrhythmus 119
Schlafstörungen 119
Schläge 41
schlagen 39, 55
Schreibabys 78
Schuld 93
Selbstanalyse 153
Selbstbeobachtung 145
Selbstbewusstsein 77
Selbstständigkeit 17, 50
Sicherheit 27
Spiel 24
–, -platz 63
Spielregeln, familiäre 77
stiller Stuhl 52
Stimme 77
Stimmungen, veränderte 27
Strafe 69, 160
Strategien im Überblick 38
Streit 93
Strenge 81
Sturheit 111
Supervision 80
System 118
–, psycho-vegetatives 51, 70

Tagesmutter 101
Tagesrhythmus 28
Temperament 36, 42
–, -(s)unterschiede 124
Therapeut 99
time out 51
Tonfall 77, 107
Trennung der Eltern 97
treten 55
Trotzalter 20
Trotzanfälle in der Öffentlichkeit 31
Tyrann 38, 74
Tyrannen, kleine 156

Überforderung 35
Überleitung 25
Umbruchsituation 98
Umfeld, kindliches 97
Ungeduld 27

Unsicherheit 69
Ursachen 77

Veränderungen, familiäre 97
verbal aggressiv 88
Verbote 29, 126, 156, 160
Verhalten
–, bockiges 44
–, erwünschtes 125
–, kindliches 132
–, positives 143
–, trotziges 18
–, unerwünschtes 125, 146
Verhaltensforschung 70
Verhaltenskette 139, 153
Verhaltensmuster 124
Verhaltensprotokoll 150
Verhaltensspielraum 69
Verhaltensweise
–, aggressive 55, 64
–, Beobachten der 135
–, fürsorgliche 86
–, soziale 77
–, spezifische 132
Verlustangst 98
Vernunft 70
Vorbilder, positive 72
Vorbildfunktion 72, 80
Vorschulalter 66

Wanderung 36
warten 22
Wartezeiten 23
Wegschicken 39
Widerstand 28, 32, 143
Widerstand, passiver 69, 100
Willens-Entdeckung 17
Willkür, elterliche 70
Wir-Person 50
Wortwahl 77, 107
Wünsche 68
Wutanfall 17

Zähneputzen 26
Zeitdruck 19, 28
Zeitgefühl 18, 21
Zielkonflikte 138
Zornickel 106
Zubettgeh-Rituale 28
Zubettgehen 26, 82
Zuwendung 142
–, negative 41, 143
–, positive 145
Zwänge 117, 118
zwicken 55